电子商务法

主　编◎崔聪聪
副主编◎薛　虹　杨　东

ELECTRONIC
COMMERCE
LAW

知识产权出版社
全国百佳图书出版单位

图书在版编目（CIP）数据

电子商务法／崔聪聪主编．—北京：知识产权出版社，2019.9（2019.11 重印）
ISBN 978-7-5130-6493-4

Ⅰ．①电…　Ⅱ．①崔…　Ⅲ．①电子商务—法规—中国—高等学校—教材　Ⅳ．①D922.294

中国版本图书馆 CIP 数据核字（2019）第 205557 号

责任编辑： 雷春丽　　**责任校对：** 王　岩
封面设计： 张新勇　　**责任印制：** 刘译文

电子商务法

崔聪聪　主　编
薛　虹　杨　东　副主编

出版发行： 知识产权出版社有限责任公司	**网　　址：** http://www.ipph.cn
社　　址： 北京市海淀区气象路 50 号院	**邮　　编：** 100081
责编电话： 010-82000860 转 8004	**责编邮箱：** leichunli@cnipr.com
发行电话： 010-82000860 转 8101/8102	**发行传真：** 010-82000893/82005070/82000270
印　　刷： 北京嘉恒彩色印刷有限责任公司	**经　　销：** 各大网上书店、新华书店及相关专业书店
开　　本： 720mm×1000mm　1/16	**印　　张：** 10
版　　次： 2019 年 9 月第 1 版	**印　　次：** 2019 年 11 月第 2 次印刷
字　　数： 152 千字	**定　　价：** 38.00 元

ISBN 978-7-5130-6493-4

《电子商务法》编委会

主　编

崔聪聪　法学博士，电子商务法起草工作组专家，北京邮电大学互联网治理与法律研究中心副主任，中国网络空间安全协会网络空间安全法律与公共政策专业委员会秘书长，副教授

（第一章、第二章第二节、第三章第二节、第六章、第七章第一节、第九章）

副主编

薛　虹　法学博士，北京师范大学法学院教授，博士研究生导师，电子商务法起草工作组专家

（第四章第一节和第二节、第七章第二节）

杨　东　法学博士，中国人民大学法学院副院长，教授，博士研究生导师，电子商务法起草工作组专家

（第二章第三节、第三章第一节、第四章第四节）

委　员

巩姗姗　法学博士，河北地质大学法政学院副教授

（第一章、第六章）

柳雁军　腾讯研究院法律研究中心秘书长

（第二章第一节）

米铁男　法学博士，北京邮电大学法律系副教授
（第二章第三节、第三章第三节）
黄尹旭　中国人民大学法学院博士研究生
（第二章第三节、第三章第一节、第四章第四节）
潘　迪　法学博士，国家邮政局发展研究中心副研究员
（第四章第三节）
陈　星　法学博士，广西民族大学法学院副教授
（第五章第一节和第二节）
袁　康　法学博士，武汉大学法学院副教授
（第五章第三节和第四节）
费　晓　深圳市中级人民法院深圳知识产权法庭，四级高级法官
（第八章）

编写说明

人类由于网络的出现而不可逆转地进入网络社会。作为社会运行的基础性规范——法律在面对网络的挑战过程中也积极求变。如今，法律的立、改、废、释基本上都存在网络的因子，互联网发展早期的学者预言——所有的法律都是网络法之一环，已基本实现。网络安全法、电子商务法的通过和实施，标志着我国网络法律体系框架基本形成。近年来，中国的法学教育取得了长足的进步。网络时代，法学专业的课程设置应做到与时俱进，增加电子商务法、网络安全法、个人信息保护法等课程。为配合各有关方面对电子商务法的学习、贯彻和落实，我们编写了本书，在吸收中国电子商务法学研究的最新学术成果，跟踪国际电子商务法学发展的最新动向的基础上，将思想性、学术性、新颖性和可读性有机结合起来，紧扣电子商务实践，用简明流畅的语言准确阐释电子商务法律理论和法律制度，使读者能够准确把握立法原意和理解条文内容。

本书编委会

2019 年 8 月

目　录 CONTENTS

第一章 电子商务法总论

第一节 电子商务法的调整对象

电子商务法的调整对象（电子商务的内涵和外延）是电子商务法的基础性问题，不仅决定了电子商务法的总体框架和具体制度设计，而且关系到电子商务法立法目的的实现。在电子商务法立法过程中，有部门提出，考虑今后与国际规则接轨，避免我国在参与国际规则谈判时处于被动地位的需要，电子商务法的调整范围宜在草案现有规定的基础上拓宽；但也有部门希望电子商务法的调整范围适当收窄。科学确定电子商务法的调整对象，既要借鉴电子商务在经济学、法学中的基础理论，也要参考国外的成熟做法，同时要结合中国电子商务发展的实践，具体的调整范围不宜过宽，也不宜过窄。因此，有必要梳理学界和国外各方对电子商务的界定，汲取其中有价值的内容，为电子商务立法所用。

一、各方观点

（一）国内学界观点

1. 经济学界

有学者认为，广义电子商务是指使用各种电子工具从事的商务或活动。这些“电子工具”包括电报、电话、广播、电视、传真以及计算机、因特网等现代系统。商务活动是从泛商品（实物与非实物，商品与非商品化的生产要素等）的需求活动到泛商品的合理、合法的消费除去典型的生产过程后的所有活动。狭义电子商务是指主要利用因特网从事的商务或活动。① 有学者认为，电子商务指交易当事人或参与人利用现代信息技术和计算机网络（主要是因特网）所进行的各类商业活动，包括货物贸易、服务贸易和知识产权贸易。对电子商务的理解，应从“现代信息技术”和“商务”两个方面考虑：一方面，“现代信息技术”应涵盖各种以使用电子技术为基础的通信方式；另一方面，对“商务”一词应做广义解释，使其为不论是契约型还是非契约型的一切商务性质的关系所引起的种种事项。②

经济学界对电子商务的理解，围绕“电子信息网络技术＋商务”这一核心，从电子商务的技术基础、参与主体、商业模式和社会经济形态发展的多重视角展开。从技术基础角度，广义电子商务强调电子商务赖以开展的基础是各类电子信息网络技术，包括局域网、因特网以及其他电子信息技术、通信技术等。狭义电子商务的技术基础仅限于互联网。从商业活动的内容来看，广义电子商务涵盖商务活动的各个环节，个别学者将其扩展至电子政务、电子军务等各项社会活动。狭义电子商务仅指有形商品和无形商品的交易。

2. 法学界

有学者认为，广义电子商务是指通过电子行为进行的民商事活动；狭义电子商务是指通过电子行为进行的商事活动。③ 另有学者提出广义、中义和狭义电子商务的概念，认为广义电子商务是通过电子手段，包括电话、电视、电传、传真等进行的商务活动；中义电子商务指以计算机网络包括互联网、内联网、外联网及其他广域网、局域网为平台而进行的商务活动；狭义电子商务，仅指以互联网为平台进行的商务活动。④

法学界对电子商务的理解与经济学界基本一致，但又有不同的侧重点：法学界侧重点在电子商务行为的法律属性。广义说将电子商务的范围拓展至民商事活动，狭义说将电子商务限定为商事行为。

---

① 李琪. 电子商务概论［M］. 北京：高等教育出版社，2004：12.

② 杨坚争. 电子商务基础与应用［M］. 西安：西安电子科技大学出版社，2004：3.

③ 张楚. 电子商务法［M］. 北京：中国人民大学出版社，2001：8.

④ 刘德良. 论电子商务法［J］. 东南大学学报：哲学社会科学版，2002（4）：50—53.

通过比较经济学界和法学界对电子商务的界定发现，两者均有广义与狭义之分，虽然表述不同，但均认可电子商务的核心是通过信息网络进行的商事活动。

（二）国外各方观点及其启示

1. 联合国国际贸易法委员会

《联合国国际贸易法委员会电子商务示范法》将电子商务界定为通过数据电文进行的商业活动。“数据电文”系指经由电子手段、光学手段或类似手段生成、储存或传递的信息，这些手段包括但不限于电子数据交换（Electronic Data Interchange，EDI）、电子邮件、电报、电传或传真；“商业”涵盖契约性或非契约性的一切由商业性质的关系所引起的种种事项，包括但不限于供应或交换货物的任何交易，分销协议，商业代表或代理，客账代理，租赁，工厂建造，咨询，工程设计，许可贸易，投资，融资，银行业务，保险，开发协议或特许，合营或其他形式的工业或商业合作，空中、海上、铁路或公路的客货运输。①

2. 世界贸易组织

世界贸易组织在《电子商务与世界贸易组织的作用》中提出，电子商务是通过电子通信网络进行产品的生产、广告、销售和分配的。②

3. 欧洲联盟

《欧盟电子商务指令》（以下简称指令）的调整对象为特定的在线经济活动，既包括在线销售货物，也包括向用户提供免费服务，如在线信息通信或商务通信服务以及搜索服务。除此之外，还包括信息传输服务、接入服务以及为服务接受者上载的信息提供存储服务。以下服务不属于指令的调整范围：（1）电视播送以及电台广播，但是点对点传输的服务，如视频点播或通过电子邮件提供商业通信则属于指令调整的范围；（2）自然人之间使用电子邮件或类似的个人通信手段缔结的商事合同以外的合同；（3）公证活动或者其他

① UNCITRAL Model Law on Electronic Commerce [EB/OL] [2019-02-16]. 1999-02, http://www.uncitral.org/pdf/chinese/texts/electcom/MLEC_C_V05-89449_Ebook.pdf.

② Electronic Commerce and the role of the WTO [EB/OL] [2019-02-16]. 1998-03, https://www.wto.org/english/res_e/booksp_e/special_study_2_e.pdf.

类似与公共权力的行使有着直接和特定关系的职业人所从事的活动；（4）涉及金钱的、带有投机性的赌博游戏，包括彩票与下赌注的交易。[1]

4. 经济合作与发展组织

经济合作与发展组织的研究报告《电子商务的定义和统计》认为，狭义的电子商务是通过计算机网络技术进行的商品交易；广义的电子商务的范围涵盖服务领域。[2]

5. 美国

美国政府发布的《全球电子商务纲要》提出电子商务是通过因特网进行的各项商务活动，包括广告、交易、支付、服务等活动。[3]《互联网免税法》规定“电子商务”是通过互联网或者互联网接入进行的任何交易行为，包括财产、货物、服务或者信息的销售、租赁、报价或者交付行为（无论是否有对价），且包括提供互联网接入服务。[4]

从依托的技术角度来看，存在以联合国国际贸易法委员会为代表的广义说（电子信息网络）和以美国为代表的狭义说（互联网）。从电子商务所涉及的领域来看，存在以联合国国际贸易法委员会为代表的广义说和以欧盟为代表的狭义说，前者不仅涵盖商品交易和服务交易，特别是包括金融产品交易或服务，同时涵盖技术交易；后者排除服务交易的特殊领域，即电视、广播、自然人之间的交易以及特殊领域的活动如赌博，主要考虑到上述特殊领域关涉国家安全和社会公共安全，需要进行特殊监管。

我国电子商务法在借鉴经济学界和法学界的定义，参考国外电子商务定义的基础上，综合考虑我国电子商务发展实践、我国的现实国情并与国际接轨、与国内其他法律法规的衔接等，具体从电子商务所依托的技术、电子商

---

① Directive on electronic commerce [EB/OL] [2019 - 02 - 17]. 2000 - 07 - 17, https: //eur - lex. europa. eu/legal - content/EN/TXT/? uri = uriserv: OJ. L_ . 2000. 178. 01. 0001. 01. ENG.

② Defining and measuring e - commerce [EB/OL] [2019 - 02 - 16]. 1998 - 04 - 21, http: //www. oecd. org/internet/ieconomy/1893506. pdf.

③ A framework for global electronic commerce [EB/OL] [2019 - 02 - 17]. 1997 - 07 - 01, https: //clintonwhitehouse4. archives. gov/WH/New/Commerce/.

④ Internet tax freedom act [EB/OL] [2019 - 02 - 17]. 2004 - 12 - 03, https: //www. congress. gov/108/plaws/publ435/PLAW - 108publ435. htm.

务交易行为和法律属性三个维度，合理确定电子商务法的调整对象及其范围。依照上述思路，《中华人民共和国电子商务法》（以下简称《电子商务法》）第 2 条将电子商务界定为“通过互联网等信息网络销售商品或者提供服务的经营活动”。

二、电子商务的内涵

揭示电子商务的内涵，应从电子商务的支撑技术、电子商务的内容以及电子商务的法律属性三个层面进行。技术是电子商务区别于其他商务活动的基础，网络使电子商务活动产生一些新的法律事实，正因为上述新的法律事实或者问题产生了立法需求，电子商务法也因此成为独立的法律部门。

（一）互联网等信息网络

“互联网等信息网络”包括互联网、电信网、广电网、移动互联网、物联网等。将电子商务所依托的技术界定在信息网络而非仅限于互联网，既着眼于网络技术发展的现实，也考虑并能在一定程度上涵盖未来网络技术和应用的发展。遵循技术中立原则，确保了电子商务法的开放性，把通过互联网、移动客户端、移动社交圈、移动应用商店等进行的经营活动都纳入电子商务法的调整范围。

1. 广电网

在立法过程中，有观点认为利用广电网提供的服务或者进行的交易不应纳入电子商务法调整的范围。利用广电网播放电影、电视和音乐等节目，属于内容服务的范畴，因涉及意识形态安全，不属于电子商务法调整的范围，电子商务法只调整利用广电网提供的购物活动，如电视购物。

2. 人工智能

无论是双方当事人同时使用智能化的合同订立、履行系统（以下简称智能订约系统），还是一方当事人（通常情况下为商品销售者或者服务提供者）使用智能订约系统，均应依照《电子商务法》第 48 条第 1 款的规定：“电子商务当事人使用自动信息系统订立或者履行合同的行为对使用该系统的当事人具有法律效力。”合同项下的权利和义务均归属于使用智能订约系统的一方或者双方当事人。理由在于，无论人工智能是否具有人格或者主体地位，人工智能的工具属性即人工智能的法律地位应界定为使用者进行意思表示的工具，人工智能的使用者不能以人工智能具备自主学习、自动作出决定的能力为由否认合同权利和义务的归属。

（二）销售商品和提供服务

1. 销售商品

销售冰箱、彩电、衣服、食品等有形产品是电子商务的主流形式，将其纳入电子商务法的调整范围，各界对此没有争议。值得探讨的问题是数字音乐、电子书和计算机软件的复制件等无形产品的交易，属于销售商品还是提供服务？无形产品往往是知识产权产品的复制件，在网络空间以数字的形式存在，也称之为数字产品。数字产品与有形产品并无本质区别，都属于劳动成果（体力劳动成果或者脑力劳动成果），只是载体有所不同，因此无形产品也应该纳入销售商品的范畴。数字产品的特殊性在于交付时间的确定，根据《电子商务法》第51条第2款规定："合同标的为采用在线传输方式交付的，合同标的进入对方当事人指定的特定系统并且能够检索识别的时间为交付时间。"上述规定在到达主义的基础上增加了"检索识别"的条件，原因在于数字产品在交付过程中可能发生损坏等意外，因此附加能够检索识别的时间为数字产品的交付时间。

2. 提供服务

提供服务有三种类型：(1) 电子商务经营者通过网络提供信息服务，包括云计算、网络约车、在线租房、在线旅游、网络游戏等信息（非内容）服务。此种类型的"服务"既表现为通过互联网传递信息为交易双方提供交易机会或者进行撮合，如网络约车、在线租房；也表现为服务接受者使用服务提供者的网络设施、信息系统，如云计算、网络游戏。(2) 服务提供者和接受者在网上订立服务合同，服务提供者在线下提供劳务的行为，如家政服务。(3) 对销售商品和提供服务进行支撑的相关服务，如电子支付、物流快递、信用评价、网店装潢设计，也应纳入电子商务法的调整范围。

电子商务法只对服务中的电子支付、物流快递等支撑服务作出特别规定，如《电子商务法》第 52 条规定的快递物流服务提供者的查验提示义务、使用环保包装材料、代收应当经收货人同意等义务，以及《电子商务法》第 55 条和第 57 条规定的错误支付、未授权支付的法律后果等，这并不代表其他服务提供者不受电子商务法的约束，《电子商务法》第二章第一节中的办理市场主体登记、获得相关许可证、依法纳税、服务自身的适法性、公示营业执照和相关行政许可、保障消费者的知情权和选择权、不得滥用市场支配地位排除限制竞争、个人信息保护以及依法向监管部门提供数据信息等规定仍适用移动应用商店、云计算、网店装潢等服务提供者。

（三）经营活动

电子商务的落脚点应为经营活动，这里的经营活动是指以营利为目的的持续性业务活动，即商事行为。考虑到网上交易实践主要是 B2C（Business-to-Consumer）类型的电子商务，即经营者和消费者之间的交易，立法最终将电子商务的法律属性聚焦于经营活动。是否为“经营活动”，主要考察行为的主观性，即目的是营利，而不论结果或者事实上能否营利，因此，即使电子商务经营者提供的基础服务是免费的，只要具有营利目的，就应该认定为电子商务。

事实上，包括电子商务在内的互联网服务普遍具备“双边市场”的属性。所谓“双边市场”，是指企业同时向两方以上的消费主体寻求交易，并且各消费主体之间存在关联关系的市场。具体而言，电子商务经营者同时面对两方主体提供服务，一方是接受其基础服务的网络用户，几乎所有的网络基础服务都是免费的，如即时通信、安全软件、搜索引擎、微博、社交服务；另一方是广告主，网络服务商向广告主收取广告费用。双边市场特性，决定了应从整体上考察电子商务活动是否以营利为目的。

“经营”的法律属性是电子商务活动的主要特征，是区别是否构成电子商务活动的关键要素。自然人利用网络临时或偶尔出售二手物品、闲置物品，因其不具有经营属性，所以不属于电子商务的范畴，但可适用合同法以及其他民商事法律的相关规定。需要指出的是，自然人以营利为目的且持续销售商品或提供服务，应纳入电子商务法的调整范围。此外，单纯的公司内部管理行为，如生产管理、质量控制、人力资源管理和财务管理，不属于法律意义上的经营活动，不宜纳入电子商务法的调整范围。

三、电子商务的外延

电子商务的外延是指电子商务的范围。值得研究的问题是：是不是所有的销售商品和提供服务的行为都属于电子商务法调整的范围？分享经济、社交电商、直播电商等新模式、新业态是否属于电子商务法调整的范围？

销售商品或者提供服务涉及合同成立、履行等诸多环节，并非交易的整个流程或者合同成立环节通过在线方式进行才能认定为电子商务，只要交易的一个环节通过在线方式进行，即可认定为电子商务。换言之，销售商品或者提供服务，只要有一个环节借助网络完成，即可纳入电子商务法的调整范围。

以电子商务的整个流程是否完全在网络上进行为标准，电子商务可以分为完全电子商务和非完全电子商务。完全电子商务是指合同的订立与履行等电子商务的整个流程都在网络上进行，如购买电子书、数字音乐，合同订立、交付商品、支付价款、开具发票或者提供购物凭证等整个电子商务流程都在网络上进行。非完全电子商务是指电子商务的部分流程在网络上进行，如在线订立合同，线下送货或者支付价款；或者是线下订立合同，线上付款或者在线交货，如在实体店购物通过微信或者支付宝付款。非完全电子商务的特殊性在于法律适用问题，即非完全电子商务的部分环节，如合同订立、线上付款或者线上交货等线上环节适用电子商务法，其他环节适用合同法等电子商务法以外的法律。

四、电子商务新业态、新模式

新业态是指基于不同产业间的组合、企业内部价值链和外部产业链环节的分化、融合、行业跨界整合以及嫁接信息及互联网技术所形成的新型企业、商业乃至产业的组织形态。近年来，移动互联网、物联网、大数据、云计算、人工智能、虚拟现实等数字技术为电子商务创造了丰富的应用场景，不断催生新营销模式和商业业态，包括社交电商、农村电子商务、直播电商、分享经济、数字经济、智慧零售、网络租赁、互联网精准扶贫等。[①]

立法过程中，有观点认为电子商务法草案中的调整对象未能跟上时代的变化，无法将共享经济等新业态、新模式纳入电子商务法的调整范围。上述新业态、新模式，要么是电子商务所依托的网络技术发生变化，要么是电子商务主体之间的具体合同关系发生变化，如买卖合同变为租赁合同或者运输合同等，这没有改变电子商务的本质特征，即只要符合“利用网络销售商品或者提供服务”的特征，就应纳入电子商务法的调整范围。就社交电商而言，通过社交平台等方式销售商品或者提供服务的行为，因为其符合“利用网络销售商品或者提供服务”的本质属性，所以应纳入电子商务法的调整范围。在社交平台上销售商品或者提供服务的经营者，属于“通过其他网络服务销售商品或者提供服务的电子商务经营者”，应遵守电子商务法的相关规定。

就直播电商而言，目前主流的模式是通过直播平台宣传介绍商品或者服务，再通过其他电子商务平台、自建网站或者通过其他网络服务销售商品或者提供服务。此种单纯的宣传介绍商品或者服务的行为，对网络主播、直播平台经营者而言，其法律地位是广告发布者或者是广告经营者，对其行为的法律规制更多地聚焦于广告法。

电子商务是信息技术与商务活动融合的产物。技术创新和商业模式创新必然催生诸多新业态。社交电商、直播电商、网络约车、共享单车等分享经济、智慧零售等新业态的法律适用，按照前述“完全电子商务与非完全电子商务”分类及其法律适用的原则，应做好电子商务法与广告法、消费者权益保护法、食品安全法、网络安全法等法律法规的衔接。

第二节　电子商务法的适用范围

法的适用范围包括法的对人效力、对事效力、空间效力和时间效力。电

① 电子商务法起草组．中华人民共和国电子商务法解读［M］．北京，中国法制出版社，2018：31—32.

子商务法的时间效力，依照《电子商务法》第 89 条的规定，电子商务法自 2019 年 1 月 1 日起施行。特别需要说明的是，电子商务法的对事效力以及对人效力和空间效力。

一、对事效力

立法过程中有部门提出，对于特殊类型的服务，如金融类产品和服务，单纯的信息发布（如提供新闻信息服务、问答服务）等涉及内容管理，以及利用信息网络播放音视频节目、网络出版等涉及意识形态安全的服务领域，考虑到监督管理的专业性和特殊性，不宜纳入电子商务法的调整范围。考虑到服务种类繁多且差异较大，电子商务法只调整具有普遍性的提供服务和相关支撑服务，立法部门最终采纳了有关部门的意见。需要指出的是，电子商务法排除“金融类产品和服务以及内容服务”，并非绝对排除，金融类产品和服务中的电子支付，仍适用电子商务法，或者说电子支付条文是电子商务法的重要组成部分；内容服务中“内容生产或者产生”环节的规制，有特殊管理的必要性，因此不适用电子商务法，但内容产生后的交易环节，如电子书、数字音乐、数字电影的买卖或者在线播放，涉及合同的成立以及数字产品的在线交付、电子支付等行为，仍适用电子商务法。

二、对人效力和空间效力

就电子商务法的对人效力和空间效力，学界有不同认识：有观点主张应适当扩张电子商务法的域外效力，草案第一次审议稿的规定采纳了上述观点，在第 2 条中规定中华人民共和国境内发生或者有境内电子商务经营主体、消费者参与的电子商务活动，适用电子商务法；有观点认为，电子商务法无须明确扩张其域外效力，涉外纠纷可通过涉外民事关系法律适用法解决。电子商务法最终采取了折中的做法，在第 2 条第 1 款中规定：“中华人民共和国境内的电子商务活动，适用本法。”理解电子商务法的对人效力和空间效力，应紧扣《电子商务法》第 2 条第 1 款的“境内”两字，具体而言，以下情形适用我国电子商务法。

（1）在我国境内电子商务平台上发生的交易。除当事人另有约定外，在我国境内电子商务平台（电子商务平台经营者在我国境内依法注册登记）发生或者依托我国境内电子商务平台进行的交易，不论交易双方是否为我国境内的自然人、法人和非法人组织（即交易双方当事人均为我国境外的自然人、法人和非法人组织，或者交易双方当事人均为我国境内的自然人、法人或者非法人组织，或者交易一方当事人为我国境内的自然人、法人或者非法人组织），均适用我国电子商务法。需要指出的是，当事人可以通过合同约定排除适用电子商务法中的私法规范，电子商务法中的公法规范，如市场主体登记、获得相应行政许可等规定，当事人不得通过合同约定排除。

（2）除当事人另有约定外，交易双方当事人均为我国自然人、法人和非法人组织时，其利用国外的电子商务平台进行的交易，应当适用我国电子商务法。

（3）境外经营者在境外建立网站或者通过境外平台向我国境内的自然人、法人和非法人组织销售商品或者提供服务时，如果买方或者服务接受者为消费者，依照《中华人民共和国涉外民事关系法律适用法》（以下简称《涉外民事法律关系适用法》）第42条的规定，除了消费者选择适用商品、服务提供地法律或者消费行为发生在境外，应适用我国电子商务法；如果买方或者服务接受者为我国境内的法人或者非法人组织，当事人双方可以约定适用我国电子商务法，在当事人没有特别约定时，如果境外经营者介绍商品或者服务使用的语言文字、支付方式、快递物流等明显地指向我国境内的法人或者非法人组织，即有向中国境内的法人或者非法人组织销售商品或者提供服务的明显意图时，应适用我国电子商务法。

（4）如果我国与其他国家、地区所缔结或参加的国际条约、协定规定适用我国电子商务法的，应当适用我国电子商务法。需要指出的是，适用我国电子商务法，既有《电子商务法》中的条款，也包括《涉外民事法律关系适用法》以及依照《电子商务法》第26条规定的跨境电子商务应当遵守的有关进出口监督管理的法律、行政法规。

第三节　电子商务法的基本原则

法律原则是一个法律部门存在之根本。[①] 作为立法、司法和指导当事人行为的基本准则，法律原则可以将不同的法律规范和制度按照一定的宗旨串联起来，从而有机地统一于某个法律部门，进而构造出一套相对严格、周密的理论体系和与之相适应的法律体系。

一、学界观点及其评述

（一）学界观点

张楚教授认为，电子商务法基本原则包括：中立原则、自治原则、开放与兼容原则、安全原则等。中立原则反映了商事交易的公平理念，包括技术中立、媒介中立、实施中立和同等保护；自治原则要求在电子商务立法与司法过程中，要为行为人自由的表达与实现自己的意愿预留空间和提供确实保障；开放与兼容原则中的“开放”，指在国际范围内对各地区、各种网络的开放，“兼容”指各种技术手段、各种传输媒介相互对接与融合；安全原则要求电子商务活动必须实施技术安全措施和法律安全规范，以保障其交易的高效和快捷。[②]

吴伟光先生认为，电子商务法基本原则包括当事人意思自治原则、技术中立原则、程序性原则、功能相等原则、最小程度原则和国际协调性原则。程序性原则是指电子商务立法重点是现行实体法律适用问题，因此，电子商务法更倾向于程序性而非实体性。最小程度原则要求尽量在最小程度上对电子商务制定新法，应优先适用现行法。国际协调性原则要求电子商务立法应考虑电子商务的国际性特征，立法时应促进电子商务法的国际化。[③]

---

① 史际春，邓峰．经济法的价值和基本原则刍论［J］．法商研究：中南政法学院学报，1998（6）：9—14.

② 张楚．关于电子商务立法的环顾与设想［J］．法律科学：西北政法学院学报，2001（1）：3—12.

③ 吴伟光．电子商务法的基本原则［J］．清华法学，2003（2）：313—324.

何松明、刘满达先生认为，电子商务法主要调整以数据电文为交易手段，以网络为交易平台的商务活动。由公平和平等原则演进和嬗变而来的中性原则是电子商务立法区别于其他立法所独有的基本原则，中性原则具体表现为媒介中立和技术中立，媒介中立意味着法律应同等对待电子商务和其他商事活动，允许当事人自由选择商务媒介。①

孙占利教授认为，电子商务法在解决信息技术应用于商事活动合法性的同时，还应解决商事主体利用信息技术进行商事活动时权责利的分配问题。因网络技术缺陷、信息系统存在漏洞以及意外事件导致的电子错误、合同不当履行等风险的分配，电子商务法必须面对并对这些普遍存在的新问题进行回应，体现公平理念、无过错即无责任和技术局限免责理念的技术风险合理分配原则，也应是电子商务法的基本原则。②

（二）上述观点评述

电子商务法基本原则的界定，应明确以下两个问题：（1）法律基本原则的内涵；（2）界定电子商务法基本原则的逻辑起点。电子商务法基本原则是电子商务法独立于其他部门法而特有的理念、价值和精神。电子商务法是网络时代的民商法，因此，民法基本原则中的平等原则、意思自治原则，以及由平等原则和意思自治原则衍生的原则，都不应成为电子商务法的基本原则。中立原则、开放与兼容原则是民法平等原则的具体化，因此不能成为电子商务法的基本原则，但可以成为电子商务法基本原则的具体内容；最小程度原则、程序性原则和国际协调性原则，只是电子商务立法原则，不能贯穿于电子商务活动和电子商务司法过程中，因此，上述原则均不是电子商务法的基本原则。

电子商务法的基本原则上承电子商务法立法目的，下启电子商务法基本制度，在反映电子商务活动特征的同时，既体现电子商务法的内容，又是对电子商务法内容的抽象，并能够统领电子商务法的各项具体制度。基于上述考虑，电子商务法的基本原则为线上线下一致原则和安全原则。

---

① 何松明，刘满达．电子商务立法三题［J］．中国法学，2002（1）：73—80.

② 孙占利．电子商务法［M］．厦门：厦门大学出版社，2013：23—25.

二、线上线下一致原则[①]

线上线下一致原则，即电子商务各方主体的法律地位平等，电子商务主体与其他民商事主体的法律地位也平等，国家应平等对待线上和线下商务活动。目前在我国的电子商务产业实践中，政府有关部门将线下规制方式和手段简单地套用在电子商务的各种创新性应用中，忽视了电子商务活动与传统线下商务活动的差异性。中国共产党的十九大报告指出，“转变政府职能，深化简政放权，创新监管方式，增强政府公信力和执行力，建设人民满意的服务型政府”。政府应当为经营者创造良好、宽松的竞争环境和条件，使市场主体处于同一起跑线，在市场中真正公平竞争。同时，应创新监管手段和方式，建立适应电子商务运行规律的监管模式。

（一）具体内容

1. 技术中立

技术有其自身的发展模式和逻辑，因此法律原则上不对技术进行评价，而是平等地对待各种技术，并保障技术按照自身的逻辑和规律进行发展。“技术中立原则”又称“非歧视原则”，即国家制定法律、政策和标准时，应对各种技术同等对待，一视同仁，不将某种特定技术作为法律规定的基础，在相应的法律环境建设中为技术创新和发展预留空间。电子商务经营者可以自主选择各种电子商务技术，国家鼓励各种新技术应用和推广，给予各种电子商务技术公平竞争的机会。

2. 平等对待

“技术中立原则”在价值取向上是尊重、鼓励平等和公平的技术竞争，平等对待各种技术，能够引申为平等对待各种依托于各种技术的商务活动，具体而言，“平等对待”要求各级政府和有关部门平等对待电子商务和其他商务活动，诸如网络预约出租汽车与传统出租车在市场准入、安全保障等方面应同等对待。平等对待使电子商务与其他商务活动处于同一起跑线上，既

① 电子商务法起草组．中华人民共和国电子商务法条文释义［M］．北京，法律出版社，2018：34—36.

不能歧视电子商务，也不得歧视其他商务活动。此外，电子商务活动的跨地域、跨行业特征，要求各级政府和有关部门不得以任何借口实施条块分割、地方保护主义，不得滥用行政权力排除、限制公平竞争。

3. 创新监管模式

线上线下一致原则的核心是“线上线下法律精神一致性”和“线上线下技术差异适配性”，不能简单地理解为线上线下完全相同，这是平等原则的应有之意，相反，应针对线上的特征，创新监管方式，营造有利于电子商务发展的环境。电子商务领域的假冒伪劣、欺诈等违法和诚信问题虽然突出，但可以利用互联网、大数据技术解决上述问题。监管部门可以建立在线监测平台、网络征信系统、网络举报平台，对接电子商务平台经营者，进行信息共享，形成监管合力，迅速介入和调查违法行为，提升监管效率。

（二）具体制度

《电子商务法》第12条的立法初衷是解决线上线下在涉及特殊行业的经营时，相关的行政监管与许可的一致性问题。总的来说，应该维持线上线下规范和管理措施的一致性，以避免形成监管上的落差，从而产生法律规避现象。对于在线下从事特定的经营活动，如果需要获得许可的，相应的要求应该自动地延伸到线上经营活动。但需要明确的是，这里所说的行政许可并不是指与电子商务这种经营形式相联系的许可。换言之，某一经营主体如果针对相关的特殊行业的营业活动已经获得了行政许可，那么其利用互联网等信息网络来从事相关的经营活动，除非法律有特殊规定，并不需要另外获得一个特殊的针对网络经营方式的单独的行政许可。

三、安全原则

（一）安全原则的缘起及其内涵

电子商务活动是以信息技术为支撑，以信息流、资金流和物流为内容的商事活动。较之线下的商事活动，电子商务具有主体虚拟、交易活动的技术性、交易标的的数字化特征，上述特征使电子商务的风险远远高于线下交易的风险。

商事领域任何安全保障规则的终极目标都是保护民事主体私权不受侵害。电子商务活动中风险的特殊性，使安全原则在网络空间获得新内涵：首先，电子商务法要明确电子意思表示的效力；其次，要求保障交易信息的安全，即信息在存储、传输等整个过程中，不遭受被拦截、丢失、非法泄露等影响，以保障电子支付和物流的顺利进行，即履约安全；最后，电子商务法要保障交易当事人人身和财产安全，如用户个人信息免受非法收集、利用和泄露，个人账户资金不被盗取等。

电子商务法在保障用户安全的同时，也应对电子商务经营者和国家安全有所关注：电子商务经营者依法收集和持有的客户信息以及在交易过程中产生的交易数据，未经电子商务经营者同意，他人不得使用；第三方电子商务平台经营者存储有大量交易数据，这些交易数据事关我国经济安全，基于国家安全的考虑，第三方电子商务平台经营者应当将上述数据存储在境内，确有必要出境的，应当依法进行安全评估。

（二）安全原则指导下的制度设计

1. 第三方电子商务平台的安全保障义务

电子商务平台搭建于网络公共基础设施之上。网络空间具有公共性，意味着作为信息看门人地位的网络服务提供者需为空间中所有用户承担最低限度的信息安全保障义务。信息已成为网络时代的重要经济资源，电子商务平台作为受益者，理应对这一资源的安全和有序流动承担保障义务。第三方电子商务平台的安全保障义务如下：（1）清除有害信息；（2）保障系统正常运行，及时更新或升级系统，修补安全漏洞，防止被他人侵入和破坏；（3）保障所收集的用户信息在存储和传输过程中的安全；（4）对平台内的第三方侵权行为负有合理注意义务。

网络服务商安全保障义务，核心是对第三方侵权行为的注意义务。基于防控侵权的能力和成本的考虑，网络服务商的安全保障义务只是“合理的注意”，而非无限的安全保证。网络服务商应依照专业人士的标准，预见可能发生的侵权危险，当某项服务的开启将主要被用于侵权时，就应重新设计甚至取消该项服务，特别是针对同一对象反复发生的侵权，应采取措施防止其再度发生。

2. 功能等同

功能等同是传统民商法的书面形式、签名、原件等概念适用于电子商务时，所产生的法律障碍的应对规则。功能等同的实质是通过分析书面形式、签名等的目的和作用，即上述制度的功能，以确定网络技术支撑的在线交易如何达到这些目的或作用，进而赋予电子形式和电子签名相应的法律效力。

电子商务法不是简单地把传统法律规范移植到电子商务领域，而是针对网络空间中的民事活动进行与传统法律价值相近的规范调整。功能等同通过赋予相同功能的行为或手段以同等的法律效力，解决电子形式、电子签名的法律效力。功能等同是解决电子商务运行的合法性、确定性和可执行性的重要方法，其不仅是应对技术创新、保持电子商务法开放性的手段和措施，更重要的是解决了网络环境下电子形式和电子签名的法律效力问题。

交易安全是获取交易利益的确定性。交易所获利益是交易行为发生效力的结果，而这种效果是通过确认交易行为效力的合法性和确定性实现的。电子形式和电子签名的效力直接影响法律行为的效力，功能等同原则是判定利用新型信息技术所实施的法律行为有效与否的标准。因此，功能等同是保障当事人交易安全的基础性措施，是电子商务法安全原则的重要内涵。

3. 电子错误

当事人利用网络进行交易，难免会发生意思表示错误，电子意思表示错误的认定及其法律后果是电子商务法必须解决的重要问题。电子错误法律制度要求，若一个信息系统未向消费者提供检测、避免或纠正意思表示错误的合理方法，消费者使用此信息系统订立合同的，对在此过程中发生的意思表示错误不承担责任。电子化意思表示削弱了消费者对表示行为的控制力，电子错误法律制度旨在保护处于弱势的消费者，避免出现其因此种错误而承担责任的不公正后果。

4. 卖方信息披露义务

电子商务是一种非面对面交易，消费者与经营者之间缺乏直接联系，因此，卖方信息披露义务对消费者利益的全面实现至关重要。经营者应充分及时披露商品或服务的信息及其交易条件，以满足消费者对基于相关信息作出真实意思表示的合理期待。卖方信息披露义务包括：（1）销售者的名称、地址、联系方式，如果所销售商品或提供服务需事前获得行政许可，还须注明许可机构联系方式；（2）产品或服务的主要特征、价格、送货或交付费用、报价和价格的有效期、售后服务及保证；（3）电子错误识别和纠正方法；（4）七天无理由退货产生运费的负担；（5）开展促销活动，折扣、奖励及赠予都应易于识别，对参与活动的条件和相关规则应易于达到并详细无误地予以说明；（6）收集消费者个人信息的目的、范围和信息使用规则。

第二章　电子商务经营者

第一节　电子商务经营者界定及其类型

电子商务经营者是电子商务活动的核心参与者，其以主体身份参与到电子商务活动的各个方面，其定义和类型的界定以及相对应主体的义务及责任，也是电子商务法的基础性内容，电子商务法专设一章对此进行了具体规定。

一、电子商务经营者名称演变

“电子商务经营者”的名称并非电子商务法首次使用。2009 年商务部发布的《电子商务模式规范》中明确提到了“电子商务经营者”，但该文件的效力层级较低，仅为规范性文件，相关表述也几经变动。例如，2007 年商务部发布的《商务部关于网上交易的指导意见（暂行）》称之为“网上交易参与方”；2009 年商务部发布的《网络购物服务规范》又称之为“网络购物交易方”；2010 年原国家工商行政管理总局发布的《网络商品交易及有关服务行为管理暂行办法》中将其规定为“网络商品经营者”和“网络服务经营者”；2014 年发布的《网络交易管理办法》又将其明确为“网络商品经营者”和“有关服务经营者”。各种表述一直延续到《电子商务法》的制定，作为电子商务领域基本法律的《电子商务法》最终确立了“电子商务经营者”这一标准表述。

二、电子商务经营者界定

关于电子商务经营者的范围，一般有狭义和广义的理解。

狭义的理解是指直接从事销售商品或者提供服务等电子商务经营活动的经营者。具体可以分为两类：一类是销售商品的经营者；另一类是提供服务的经营者。对应的规范就是《网络交易管理办法》中所规定的“网络商品经营者”。这里规定的网络商品是包括服务在内的广义的商品。《网络交易管理办法》第3条第1款规定：“本办法所称网络商品交易，是指通过互联网（含移动互联网）销售商品或者提供服务的经营活动。”相应的网络商品经营者其实也是包含销售商品和提供服务在内的两类电子商务经营者。

广义的理解是指除直接从事商品或者服务经营活动的电子商务经营者之外，在电子商务经营活动中，还有为这些直接的电子商务经营者提供服务的经营者。具体又可分为两类，一类是直接为电子商务经营者提供交易平台服务，另一类是提供宣传推广、信用评价、支付结算、物流、快递、网络接入、服务器托管、虚拟空间租用、网站网页设计制作等服务。最广义的电子商务经营者可以将这三类主体均涵盖其中。例如，《网络交易管理办法》在网络商品经营者之外，还规定了“有关服务经营者”，其第3条第2款规定：“本办法所称有关服务，是指为网络商品交易提供第三方交易平台、宣传推广、信用评价、支付结算、物流、快递、网络接入、服务器托管、虚拟空间租用、网站网页设计制作等营利性服务。”具体又分为第三方交易平台经营者和其他有关服务经营者。

《电子商务法》第9条第1款规定：“本法所称电子商务经营者，是指通过互联网等信息网络从事销售商品或者提供服务的经营活动的自然人、法人和非法人组织，包括电子商务平台经营者、平台内经营者以及通过自建网站、其他网络服务销售商品或者提供服务的电子商务经营者。”从上述规定可以看出，电子商务法最终采取的是广义的理解，除了直接从事商品或者服务经营活动的电子商务经营者之外，其还将直接为电子商务经营者提供服务的众多主体中最特殊也是最重要的一类主体——电子商务平台经营者纳入其中，形成了以电子商务平台经营者和直接的电子商务经营者为主的电子商务经营者的范围。

三、电子商务经营者的类型

以电子商务经营者从事的业务为标准，电子商务经营者可以分为以下两类。

（一）直接从事商品或者服务经营活动的电子商务经营者

从事商品或者服务经营活动的电子商务经营者，需要通过互联网等信息网络进行经营，根据其所依托的信息网络主体的不同，可将其分为三类。

1. 平台内经营者

《电子商务法》第 9 条第 3 款规定：“本法所称平台内经营者，是指通过电子商务平台销售商品或者提供服务的电子商务经营者。”在三类直接从事商品或者服务经营活动的主体中，平台内经营者应当是最主要的组成部分。以淘宝网为例，淘宝网的运营者是电子商务平台经营者，淘宝店家是平台内经营者。作为电子商务经营者，要想获得交易机会，必须要有大量的用户流量，其必须依托具有大量的用户流量的电子商务平台经营者，才能获得更多机会。电子商务平台经营者加上平台内经营者，互为依托，共同发展，最终构成了电子商务最初也是最主要的发展模式。

2. 自建网站的经营者

除了平台内经营者之外，自建网站的经营者也是电子商务经营者的类型之一。所谓自建网站的经营者，是指电子商务经营者凭借自身资金和技术积累，自建网站并利用其销售商品或者提供服务。比较典型的像华为商城、小米商城等。

3. 利用其他网络从事销售商品或者提供服务的电子商务经营者

通过其他网络销售商品或者提供服务的电子商务经营者是在电子商务法第三次审议稿中加入的。正如全国人大对于电子商务法二审稿修改情况的汇报中所指出的那样：“一些常委委员和地方、企业、社会公众建议，将通过微信、网络直播等方式销售商品或者提供服务的经营者涵盖在内。”因此，在电子商务法第三次审议稿中增加了上述表述。上面列举的电子商务经营者，消费者比较熟悉的是“微商”。虽然“微商”并非法律专业术语，但是实践中确实大量存在，是移动互联网时代电子商务的新型表现形式之一，其经营者理应属于电子商务经营者范畴，电子商务法将其规定为“利用其他网络从事销售商品或者提供服务的电子商务经营者”。同时，条文中将“微商”所依赖的“微信、网络直播平台”视为“其他网络服务提供者”，而非简单认定为传统的电子商务平台经营者。

（二）电子商务平台经营者

电子商务平台经营者是电子商务经营者的一种特殊存在，其并不直接销售商品或者提供服务，仅提供平台服务，却又在电子商务经营者中占据着重要地位。其名称也经历了一系列变化：2007 年商务部发布的《商务部关于网上交易的指导意见（暂行）》称为“网上交易平台服务提供者”；2009 年商务部发布的《网络购物服务规范》改称为“网络购物平台提供商”；2011 年商务部发布的《第三方电子商务交易平台服务规范》称为“第三方电子商务交易平台经营者”；2014 年《网络交易管理办法》将其明确为“第三方交易平台经营者”；《电子商务法》称为“电子商务平台经营者”。

《电子商务法》第 9 条第 2 款规定：“本法所称电子商务平台经营者，是指在电子商务中为交易双方或者多方提供网络经营场所、交易撮合、信息发布等服务，供交易双方或者多方独立开展交易活动的法人或者非法人组织。”《网络交易管理办法》第 22 条规定：“第三方交易平台经营者应当是经工商行政管理部门登记注册并领取营业执照的企业法人。前款所称第三方交易平台，是指在网络商品交易活动中为交易双方或者多方提供网页空间、虚拟经营场所、交易规则、交易撮合、信息发布等服务，供交易双方或者多方独立开展交易活动的信息网络系统。”

上述两个定义虽有细微差别，但核心内容是一致的。理解电子商务平台经营者，应从以下几个层面展开：（1）从电子商务平台经营者所从事的业务来看，并非提供所有上述服务才认定为平台经营者。《电子商务法》第 9 条中提到的业务只是示例性质的列举，[①] 只要从事其中一项以上的服务，即可能成为电子商务法规定的电子商务平台经营者；（2）电子商务平台经营者的法律主体属性为法人或者非法人组织，自然人不能成为电子商务平台经营者。电子商务平台经营者提供的上述服务为电信增值业务，根据《电信业务经营许可证管理办法》第6条规定，只有依法设立的公司才能申请经营增值电信业务证；（3）从法律地位角度看，电子商务平台经营者是第三方，而非销售商品或者提供服务法律关系的任何一方当事人，其主要的作用是提供交易场所以及相关支撑服务；（4）就主观层面看，要求平台经营者有通过服务协议、交易规则等积极、主动管理平台内交易的意愿。[②] 只有同时满足上述主客观标准时，才能将提供交易场所的电子商务经营者界定为电子商务平台经营者。

四、电子商务经营者界定的实践问题

随着移动互联网时代的到来，电子商务呈现出跨界发展的属性，逐渐向互联网各细分领域发展。在众多的电子商务经营者中，如何界定其类型是不容回避的话题。首先，需要明确的是，电子商务跨界发展已是常态，不同的电子商务经营者的角色并非一成不变，可以互相转换，是动态变化发展的过程。界定的难点主要表现在以下两个方面。

（一）直接从事商品或者服务经营活动的电子商务经营者

按照电子商务法的规定，直接从事电子商务经营活动的电子商务经营者共有三类：平台内经营者，自建网站的电子商务经营者，通过其他网络服务销售商品或者提供服务的电子商务经营者。在PC互联网时代，无论是平台内经营者，还是自建网站的经营者，都比较容易确定，但在移动互联网时代，随着通过其他网络服务销售商品或者提供服务的电子商务经营者等新类型的出现，其与平台内经营者，自建网站的电子商务经营者极易混淆。例如，微

---

① 电子商务法起草组．中华人民共和国电子商务法解读［M］．北京，中国法制出版社，2018：63—64.

② 崔聪聪．论电子商务法的调整对象与适用范围［J］．苏州大学学报：哲学社会科学版，2019，40（1）：79—85.

信等社交工具虽然不是电子商务平台经营者，但其会以其他网络服务提供者的身份参与到电子商务中。从形式上看，利用微信销售商品或者提供服务即属于通过其他网络服务销售商品或者提供服务的电子商务经营者，但并非绝对。无论是类似京东等传统的电子商务平台经营者，还是拼多多等新型的社交电子商务平台经营者，均可以申请微信公众号，当用户打开拼多多的微信公众号后，点击购买，会从微信跳转至拼多多自建的网页，当用户与拼多多上的商家发生交易时，该商家并非通过其他网络服务销售商品或者提供服务的电子商务经营者，而是典型的平台内经营者。当用户打开华为的微信公众号时，点击购买，会跳转到华为自建的网页，当用户在华为自建的商城购买手机时，华为属于自建网站的电子商务经营者。当用户在微信另一用户的朋友圈中发现商品信息，根据自己需求，通过私聊，转账或者当面交易等方式完成交易时，通过微信朋友圈售卖商品的用户则可能属于通过其他网络服务销售商品或者提供服务的电子商务经营者，当然还要结合其交易的金额、频次等来判断其是否从事以营利为目的的经营活动，而非偶发零星的非经营活动。

实践中，通过其他网络服务销售商品或者提供服务的电子商务经营者的身份并非一成不变，其与平台内经营者、通过自建网站的电子商务经营者可以相互转换。虽然都是电子商务经营者的范畴，但具体属于哪一类型，则需要结合实际情况，具体情况具体分析。例如，拼多多等专门的社交电商平台兴起并蓬勃发展，大量的利用微信朋友圈从事电商活动的所谓“微商”为了获得更多收入、流量，纷纷转移到拼多多等专门的社交电子商务平台上，此时电子商务经营者就由通过其他网络服务销售商品或者提供服务的电子商务经营者转换为平台内经营者。

（二）电子商务平台经营者与其他网络服务提供者

移动互联网时代，电子商务边界日益模糊。拥有巨大用户流量的非电子商务企业也会尝试开展电子商务业务，以实现流量变现。这样就会产生电子商务平台经营者和其他网络服务提供者角色混淆的问题。

除了是否同时提供了网络经营场所、交易撮合、信息发布、交易规则等平台服务这一判断标准之外，其商业目的也是判断其是否属于电商平台经营者的重要标准，两者往往是密不可分的，为了开展电子商务活动，其必然会提供各类平台服务，以吸引更多的用户参与，将其自身的用户流量通过电子商务的方式最大化变现，其成为电子商务平台经营者的可能性就很大。如果服务者的商业目的并非专门为了电子商务服务，则其成为电子商务平台经营者的可能性较小。但用户如果利用其开展了电子商务活动，该服务者以被动方式参与到电子商务中来，其成为其他网络服务提供者的可能性更大。以目前比较火的抖音短视频平台为例，上面有大量的网红电商，具有很强的电商属性，但结合其具体产品设计来看，主要分为两种表现形式：一类是网红直接在短视频平台中开设商品橱窗栏目，用户看到商品信息，直接点击，跳转到淘宝等第三方电子商务平台，下单购物。另一类称为抖音小店。抖音平台的解释是：抖音小店是其内部的电商变现工具，可以在内部完成整个交易，降低跳失。在第一种情况下，其更多只是信息展示，提供流量入口，用户在其他电子商务平台内完成交易，此时提供短视频服务的平台不宜简单认定为电子商务平台经营者，而是其他网络服务提供者。但第二种情形，在短视频服务平台内形成了交易闭环，完全是短视频服务平台出于流量变现的考虑，所提供的是电子商务平台支撑服务，显然应界定为电子商务平台经营者。

第二节　市场主体登记

一、市场主体登记的功能

（一）构建电子商务诚信体系

信任是电子商务得以进行的前提，在此意义上，电子商务立法的重要目的是构建网络交易的信用体系。网络的虚拟性导致经营者自我约束力差，欺诈、售假等不诚信行为时有发生，交易相对人面临更多道德风险，在一定程度上阻碍了电子商务健康持续发展。构建网络交易信用体系，第一步是确认电子商务经营者的真实身份，通常情况下，确认方式有电子签名及其认证、网络交易平台提供认证、市场主体登记等方式。较之前两种身份确认方式，市场主体登记公信力最强。通过要求电子商务经营者进行市场主体登记，不仅可以明确现实中侵权、违约行为的责任主体，而且真实的身份增加了主体存在感进而增加了其自我约束感，有利于防范违背诚实信用原则行为的发生。

关于确认电子商务经营者的真实身份，除了依靠市场主体登记制度外，还需要辅之实名制。电子商务法和网络安全法都规定了实名制，[①] 并且都对没有履行实名制义务的主体规定了相应的处罚。通过“实名制”与市场主体登记制度可以实现确认责任主体的功能，即在发生交易纠纷时，将责任落实到具体的人，保护消费者和其他经营者的合法权益。

（二）保障交易安全

现代社会，通过信息公示保障交易安全，是市场主体登记的重要目的和核心功能。交易双方的“存在性”信息，即相对方都能被确定为现实的商事主体存在是保障交易安全的基础性信息。市场主体登记通过法律文件记载经营者的身份信息并公示其经营状况及相关的法律关系，相关公众在交易之前可以了解其经营内容而有所取舍，以保障交易安全。

关于公示经营内容，其主要目的是使交易相对方和社会公众可以通过查询市场主体登记簿来获得该商事主体的基本状况，作出是否与其交易的决定。可以说，商事主体登记主要就是公示商事主体信用状况的制度。这种信用公示不仅有利于商事主体自身营业信用的展示，更有利于减少交易风险，使相对人可以确切地了解与该商事主体有关的营业事项，从而能安心地进行交易。除市场主体登记制度外，电子商务经营者的信用状况还需要其他相关制度辅

---

① 《电子商务法》第27条规定：“电子商务平台经营者应当要求申请进入平台销售商品或者提供服务的经营者提交其身份、地址、联系方式、行政许可等真实信息，进行核验、登记，建立登记档案，并定期核验更新。电子商务平台经营者为进入平台销售商品或者提供服务的非经营用户提供服务，应当遵守本节有关规定。”

《网络安全法》第24条规定：“网络运营者为用户办理网络接入、域名注册服务，办理固定电话、移动电话等入网手续，或者为用户提供信息发布、即时通讯等服务，在与用户签订协议或者确认提供服务时，应当要求用户提供真实身份信息。用户不提供真实身份信息的，网络运营者不得为其提供相关服务……”

助，如《电子商务法》第 15 条规定了电子商务经营者公示其相关经营信息的义务，社会公众可以直接通过访问网站来获取该商事主体的基本状况。此外，《电子商务法》第 39 条规定了信用评价制度。消费者可以直接通过访问网站来了解商事主体的信用状况，进而决定是否与其交易。上述规定与市场主体登记制度共同构成了电子商务经营者的信用公示制度。

（三）服务于市场管理

我国市场主体登记在履行公示职能的同时，还承担着服务市场管理的职能。市场主体登记辅助确定市场监管对象。在实施食品安全监管、质量监管等确定监管对象时，主要依赖于市场主体登记。实践中，部分自然人网店经营过程中存在给周边住户造成噪声污染、消防隐患、安全隐患等问题，但这些自然人网店未进行市场主体登记，市场监管部门因没有权力进入居民住所进行检查而无法行使行政管理权。因此，基于市场管理需要，自然人网店应进行市场主体登记。

市场主体登记还具有辅助消费者权益保护法、反不正当竞争法、反垄断法等法律实施的功能。我国反不正当竞争法将规范对象确定为“经营者”，“经营”是指以营利为目的的、具有一定连续性的市场行为，只有个体工商户、企业以及具有经营资格的其他组织才可能成为反不正当竞争法所调整的经营者，这就使反不正当竞争法的适用范围与市场主体登记联系起来。

二、电子商务法中的市场主体登记规定

无论是从事电子商务活动的公司、合伙企业，还是在互联网上从事经营活动的自然人，都是商事主体。既然是商事主体，就应依照商法的基本要求进行市场主体登记。鉴于此，《电子商务法》第 10 条作出了电子商务经营者原则上登记、例外情形进行豁免的规定，即“电子商务经营者应当依法办理市场主体登记。但是，个人销售自产农副产品、家庭手工业产品，个人利用自己的技能从事依法无须取得许可的便民劳务活动和零星小额交易活动，以及依照法律、行政法规不需要进行登记的除外”。

（一）个人销售自产农副产品、家庭手工业产品

销售自产农副产品、家庭手工业产品的个人无须办理市场主体登记，但

是对于此类行为需要准确把握相关的行为特征。首先，必须是自然人的行为；其次，销售的是自己生产的农副产品以及家庭手工业产品，而不能是从其他农户那里收购过来，然后集中通过网络进行转卖；最后，必须是通过互联网等信息网络进行销售。通常情况下，符合上述条件的，虽然也可能是一种持续的经营活动，但由于交易数额不大且频率较低，基于登记成本、鼓励发展的考虑，不要求此类经营者进行市场主体登记。

需要指出的是，并非所有销售自产农副产品、家庭手工业产品的个人都可以依照《电子商务法》第 10 条的规定进行市场主体登记豁免。依照《电子商务法》第 12 条的规定，电子商务经营者所从事的经营活动，如果法律明确规定应当取得行政许可的，依照线上线下一致的原则，电子商务经营者应依法取得行政许可。食品行业属于特殊行业。依照《中华人民共和国食品安全法》（以下简称《食品安全法》）第 35 条第 1 款的规定，从事食品生产、食品销售、餐饮服务的经营者应当依法取得食品经营许可证，但是销售食用农产品的经营者除外。也就是说，农户是否能得到豁免取决于其销售的是食品还是食用农产品。如果销售的是食品，那么就需要取得食品经营许可。根据《食品经营许可管理办法》第 9 条第 1 款的规定，申请食品经营许可，应当先行取得营业执照等合法主体资格。也就是说，农户如果想取得食品经营许可，就必须先满足“取得营业执照等合法主体资格”这个先决条件。

（二）个人利用自己的技能从事依法无须取得许可的便民劳务活动

虽然“个人利用自己的技能从事依法无须取得许可的便民劳务活动”符合经营活动的法律属性，但从事便民劳务的个人仍属劳动者的范畴。这些便民劳务活动不仅为个人生计提供了来源，更重要的是方便了群众生活。从提供劳务的便利性以及降低成本考虑，电子商务法对个人利用自己的技能从事依法无须取得许可的便民劳务活动进行登记豁免，确有必要且可行。此类电子商务经营者欲获得登记豁免，必须满足以下条件：（1）个人利用自己的技能提供的劳务活动，不得雇用他人实施，即不得存在雇用关系；（2）从事的劳务活动不属于必须获得行政许可的范畴，如配钥匙、修鞋、修自行车、修手表、修伞、手机贴膜、织补衣服等便民劳务活动。需要指出的是，虽然上述活动不需要进行市场主体登记，但上述活动必须遵守相关法律法规的规定，同时接受国家发展和改革委员会、自然资源部、生态环境部、国家卫生健康委员会、国家市场监督管理总局、农业农村部、应急管理部等行政主管部门的监督管理。

（三）零星小额交易活动

电子商务法并未明确零星小额的判断标准。国家税务总局《企业所得税税前扣除凭证管理办法》第 9 条第 2 款规定，小额零星经营业务的判断标准是个人从事应税项目经营业务的销售额不超过增值税相关政策规定的起征点。《企业所得税税前扣除凭证管理办法》的规定可以作为实践中零星小额的判断标准。

三、个体工商户的特殊登记要求

为进一步深化商事制度改革，积极支持、鼓励、促进电子商务发展，结合电子商务虚拟性、跨区域性、开放性的特点，国家市场监督管理总局颁布了《市场监管总局关于做好电子商务经营者登记工作的意见》，该意见充分运用互联网思维，采取互联网办法，按照线上线下一致的原则，为依法应当登记的电子商务经营者办理市场主体登记提供便利，具体内容如下：电子商务经营者申请登记成为企业、个体工商户或农民专业合作社的，应当依照现行市场主体登记管理相关规定向各地市场监督管理部门申请办理市场主体登记。电子商务经营者申请登记为个体工商户的，允许其将网络经营场所作为经营场所进行登记。对于在一个以上电子商务平台从事经营活动的，需要将其从事经营活动的多个网络经营场所向登记机关进行登记。允许将经常居住地登记为住所，个人住所所在地的县、自治县、不设区的市、市辖区市场监督管理部门为其登记机关。以网络经营场所作为经营场所登记的个体工商户，仅可通过互联网开展经营活动，不得擅自改变其住宅房屋用途用于从事线下生产经营活动并应作出相关承诺。登记机关要在其营业执照“经营范围”后标注“（仅限于通过互联网从事经营活动）”。

第三节　电子商务经营者的特殊义务

除依法办理市场主体登记外，《电子商务法》第二章还规定了电子商务经营者的依法纳税（《电子商务法》第11条）、依法取得行政许可（《电子商务法》第12条）、销售商品或者提供服务适法性（《电子商务法》第13条）、依法出具购货凭证或者服务单据（《电子商务法》第14条）、依法公示主体相关信息（《电子商务法》第15条），上述义务是线上线下一致原则在电子商务领域的体现，即现行法律法规对线下经营者的要求同样适用于电子商务经营者，考虑到诸多著作对上述规定已有详细的介绍，本书不再重复。本节只对电子商务法中对电子商务经营者的特殊义务——禁止滥用市场支配地位、数据提供两项义务进行解读。

一、禁止电子商务经营者滥用市场支配地位

为了防止电子商务经营者滥用市场支配地位排除、限制竞争，衔接反垄断法的相关规定，《电子商务法》第22条规定："电子商务经营者因其技术优势、用户数量、对相关行业的控制能力以及其他经营者对该电子商务经营者在交易上的依赖程度等因素而具有市场支配地位的，不得滥用市场支配地位，排除、限制竞争。"《电子商务法》第22条是对从事电子商务活动的电子商务经营者滥用市场支配地位，排除、限制竞争行为的宣示性禁止条款。反垄断法没有规定"市场支配地位"本身违法，电子商务经营者通过合理手段在竞争中取得市场支配地位，不在《电子商务法》第22条的限制范围之列。然而，如果电子商务经营者通过其已经取得的市场支配地位限制、排除竞争，损害其他竞争者、消费者或者社会的利益，就需要法律加以规制。

（一）市场支配地位界定的一般标准

根据《中华人民共和国反垄断法》（以下简称《反垄断法》）第18条、第19条的规定，应当依据下列因素来认定经营者具有市场支配地位：

（1）该经营者在相关市场的市场份额，以及相关市场的竞争状况；（2）该经营者控制销售市场或者原材料采购市场的能力；（3）该经营者的财力和技术条件；（4）其他经营者对该经营者在交易上的依赖程度；（5）其他经营者进入相关市场的难易程度；（6）与认定该经营者市场支配地位有关的其他因素。有下列情形之一的，可以推定经营者具有市场支配地位：（1）一个经营者在相关市场的市场份额达到二分之一的；（2）两个经营者在相关市场的市场份额合计达到三分之二的；（3）三个经营者在相关市场的市场份额合计达到四分之三的。

上述规定为认定电子商务经营者是否具备市场支配地位的相关考量要素提供了重要的支撑。当然，电子商务经营者与传统行业经营者存在不同特点，因此适用反垄断法认定电子商务经营者占据市场支配地位，需要结合电子商务行业自身的特性进行认定。

（二）电子商务经营者市场支配地位的考量因素

在快速创新、高技术等因素的影响下，电子商务领域的一些垄断企业的商品即便取得再大的市场份额都有可能是暂时性的。此外，区别于传统产业，电子商务产业大多具有双边市场特征，判断其对相关行业的控制能力则有特殊性。双边市场中，价格与交易相关联是平台企业的竞争模式，其面对着来自双方市场的需求和定价结构的不对称，使得市场界定问题以及支配地位认定问题变得更加复杂。考虑到电子商务行业的上述特点，《电子商务法》第22条认定电子商务经营者取得市场支配地位的要素主要包括以下几点。

其一，技术优势。在涉及的相关市场中，技术优势给予电子商务经营者相当大的竞争优势。在数字经济时代尤为如此，新技术能够给用户带来更好的使用体验，创新业务形态，激发更大的市场需求，也有助于推动电子商务经营者获得数据。技术竞争可以说是电子商务法经营者之间竞争的主要方式之一。因此，技术优势是判断电子商务经营者是否取得市场支配地位的主要考量因素之一。当然，技术优势是动态的，数字经济时代技术发展迅猛，破坏式创新屡屡出现，在考量技术优势的同时，需要谨慎综合考虑，而不能只着眼于某个特定时点。

其二，用户数量。用户数量直接与电子商务经营者的市场份额关联，是考察市场份额的重要参考。不同的行业地域背景下的数量标准体系也是不同的，需要确定时间维度并结合具体的地域、行业等背景谨慎判断。

其三，对相关行业的控制能力。在相关行业中，具有能够操控商品的价格、数量或者其他交易条件，或者能够妨碍、抑制其他经营者进入相关市场的能力和市场地位等是经营者控制行业能力的表现。

其四，其他经营者对该电子商务经营者在交易上的依赖程度。其他经营者在供求上对某特定电子商务经营者有更大的依赖性，则该电子商务经营者就越可能具有市场支配地位。能够控制上下游经营者的电子商务经营者在相关市场中具有极大的竞争优势，进而可以形成市场支配。需要防止这种情况下该电子商务经营者滥用市场支配地位损害市场竞争秩序。

反垄断法通过规定市场结构标准以及其他相关因素来认定市场支配地位。传统行业中业已形成一套普遍认可的认定标准，但在电子商务领域却会陷入认定困境，因该行业中市场支配地位的形成具有特殊性：电子商务行业具有网络效应。[①] 企业产出越大，在达到某个临界点后，产品对顾客的价值就越大，此种网络效应可能引发正向反馈循环，出现滚动的累积效应，这对于强化电子商务企业的竞争优势、市场支配地位的形成具有一定的促进作用，用户数量也成为是否具有市场支配地位的考量因素。正是由于电子商务行业具有网络效应，经营者的转移成本有时较传统行业更高，对于平台的依赖也严重影响了电子商务经营者对于市场的支配力，且基础技术与底层系统等必要设施的存在更加重了其对竞争的影响，因此，有必要就其他经营者对该电子商务经营者在交易方面的依赖程度大小这一因素对其是否拥有市场支配地位来进行考量。

二、数据提供

（一）数据提供的理论基础

电子商务活动中存在大量信息交换现象，这些信息交换可能发生在电子

---

① 焦海涛．论互联网行业反垄断执法的谦抑性：以市场支配地位滥用行为规制为中心［J］．交大法学，2013（2）：31—48.

商务经营者与一般用户之间，也可能发生在一般用户之间，当然还可能发生在电子商务经营者之间，但无论该交换过程发生在何种主体之间，却大都存在于平等的民事主体之间，体现民商事的典型法律关系。《电子商务法》第25条规定，有关主管部门依照法律、行政法规的规定要求电子商务经营者提供有关电子商务数据信息的，电子商务经营者应当提供。这实际上是对电子商务法律关系中主体信息权利的限制，亦即电子商务法律关系中，当事人并非在任何情况下都可以依据自己的意思处理电子商务数据信息，而要受到一定程度的限制。

私权实现受限于公共利益的保护。电子商务数据信息承载着电子商务法律关系中各方主体的数据权利，属于典型的私权范畴。无论其归属于财产权利还是归属于人身权利，都受到法律的保护。《中华人民共和国宪法》第13条第1款规定，公民的合法的私有财产不受侵犯。《中华人民共和国民法总则》（以下简称《民法总则》）第3条规定，民事主体的人身权利、财产权利以及其他合法权益受法律保护，任何组织或者个人不得侵犯。上述规定是我国法律保护民事主体合法权利的一般原则。有原则必有例外，出于维护公共利益的需要或其他法定目的，经过法定程序可以对上述原则性规定进行突破，该条款就是典型的例子。一般来说，对私权的限制主要包括合法性限制、禁止权利滥用原则的限制和公共利益的限制。有关部门要求电子商务经营者提供有关电子商务数据信息也不外乎这几种情况。

（二）执法主体和执法对象

从实践角度来看，有关部门主要包括国家互联网信息办公室、国家发展和改革委员会、工业和信息化部、财政部、交通运输部、商务部、文化和旅游部、国家新闻出版署、中国人民银行、国家市场监督管理总局、国家互联网信息办公室、国家税务总局、海关总署、国家邮政局等，此外还包括司法行政部门和司法机关，例如公安机关、国家监察机关、人民检察院、人民法院。

电子商务数据信息是指基于电子商务活动产生的交易数据和个人信息，包括经营者身份信息、经营者资质信息、商品或者服务信息、交易记录、消费者个人信息等。这其中既包括正常电子商务活动中产生的合法信息，也包括一些在电子商务活动中产生的违法信息，例如，电子商务平台中存在的传播淫秽色情商品与服务的信息，即属于《中华人民共和国网络安全法》（以下简称《网络安全法》）第12条规定的情形。

（三）提供数据信息的情形

有关部门要求电子商务经营者提供数据信息的情形可以包括：（1）行政机关为公共利益的需要依法作出的具体行政行为，而该具体行政行为要求公开相关的电子商务数据信息；（2）司法机关依法作出的决定、裁定和判决，要求电子商务经营者提供电子商务数据信息，或者相关的电子商务数据信息属于司法裁判中的证据的，那么根据司法机关的要求，电子商务经营者应当提供这些数据信息；（3）行政机关出于市场监管的需要，例如，审查电子商务经营者运营行为的合法性，维护电子商务市场秩序稳定，统计电子商务市场经营数据等，而要求电子商务经营者提供相关数据信息的，电子商务经营者应当提供；税务部门在调查、征收税款时出于征收税款的需要，而要求电子商务经营者提供相关数据信息的；（4）其他负有职责的机关为了追究违法犯罪行为，例如，公安机关为了调查网络违法犯罪行为，可能会要求电子商务经营者提供数据信息。

（四）具体要求和方式

《电子商务法》第25条并未明确规定电子商务经营者应当提供给有关部门的信息的范围及其方式。由于可能要求电子商务经营者提供数据信息的部门众多，具体目的也可能千差万别，故此不宜作统一的规定。原则上，有关部门出于行政管理的需要或者行政司法机关出于追究违法犯罪行为的需要而向电子商务经营者索取相关数据信息的，电子商务经营者应当全部提供，如果有关部门明确提出需要某个具体部分的数据信息的，电子商务经营者应提供该部分的数据信息。如果某些电子商务数据信息具有整体性不宜分割，而有关部门只需要其中部分数据信息的，原则上应提供全部数据信息，但应当向有关部门说明情况。

关于信息提供的方式，通常根据有关部门的工作需要和惯例来进行。有些行政监管行为属于日常性、常规性的活动，对应的索取电子商务数据信息的行为就具有规律性，例如，工商部门、税务部门等需要电子商务经营者定期报送相关数据信息，从而完成管理工作。而有些部门则是具有针对性地要求电子商务经营者提供数据信息，例如，公安机关对于电子商务平台上发生的诈骗行为进行立案侦查，收集相关的犯罪证据，从而非日常性地要求电子商务经营者提供专门性数据信息作为破案的线索或者证据材料。对于电子商务经营者提供的数据信息应以什么形式呈现，电子商务法没有明确规定，原则上应根据索取信息有关部门的具体要求来提供，一般来说，应包括电子数据形式和书面打印形式，两者在内容上具有一致性。

（五）程序要求

国家机关在收集和使用电子商务数据信息时应该遵守法定程序，不能随意使用和收集相关信息，具体而言，收集电子商务数据信息的根据要合法。有关主管部门要求电子商务经营者提供电子商务数据信息时，应该有法律或行政法规的明确规定或授权。有关主管部门的收集数据信息行为属于涉及行政对象权利义务的具体行政行为的，应该有明确的授权方可为之，否则属于侵害行政行为对象的违法行为。有关主管部门收集数据信息应该有其工作上的需求，符合法律或行政法规对该部门所赋予的职能范围。此外，作为收集数据信息的授权依据，该条的规定限于法律和行政法规。电子商务数据信息包括交易双方当事人的相关信息，也包括经营者自身产生的信息，但均属于民事主体的权利客体，其中有一部分还可划入个人信息的范畴。根据《民法总则》第 111 条的规定，“自然人的个人信息受法律保护。任何组织和个人需要获取他人个人信息的，应当依法取得并确保信息安全，不得非法收集、使用、加工、传输他人个人信息，不得非法买卖、提供或者公开他人个人信息”。《全国人民代表大会常务委员会关于加强网络信息保护的决定》对互联网上的公民信息保护作了较为系统和全面的规定，也对网络服务提供者和其他企业事业单位收集、使用公民个人电子信息应当遵循的原则、保密义务及法律责任，有关部门依法应当履行的职责作了具体规定。《网络安全法》中也有类似的规定。可见，我国已经非常重视对个人信息的保护，电子商务活动中存在大量的关于买卖双方当事人的个人信息，均在保护之列。鉴于此，电子商务法规定收集行为的授权只能来自法律或行政法规，此规定符合我国严格保护个人信息的立法要求。

（六）执法部门的安全保障义务

电子商务经营者及参与电子商务活动的各种民事主体，其所有的合法数据信息应该得到法律保护，这是一般原则，即使出于保护更重要法益之目的而对其有所突破，也应在对数据信息权益损害最小的范围内进行，这就表现为索取数据信息的部门应采取措施控制数据信息传播的范围，防止泄露和损毁。因此，《电子商务法》第25条规定，有关主管部门应当采取必要措施保护电子商务经营者提供的数据信息的安全，并对其中的个人信息、隐私和商业秘密严格保密，不得泄露、出售或者非法向他人提供。

主管机关一旦收集到电子商务信息以后，就同时负担了与电子商务经营者同样的对数据信息的安全保障义务。这是数据信息控制者应该承担的义务，当数据信息控制者的范围扩大时，负有安全保障义务的主体范围也随之扩大。国家机关的数据安全保障义务包括积极义务与消极义务。积极义务是指有关主管部门应采取措施保障数据的安全。该措施应符合必要性要求，即应达到保障数据安全的最低标准。《电子商务法》第25条并没有明确说明必要措施的具体标准，而是用概括的方式规定了所应达到的客观效果，即实现保障安全的效果而应采取的最低限度措施。各个主管机关所需要的数据信息存在差异，使用方式也可能有所区别，因此，不必要规定完全一致的安全保障标准，采用设定下限的方式较为得当。一般来说，保护措施包括制度层面的安排，例如，各主管机关内部关于保护信息系统或数据安全的规章制度，以及相关的人员安排；还包括技术层面的手段，例如，至少应采取能够达到保护数据安全目的的最低水平的应用技术，该技术可参照计算机网络行业内公认的技术标准。消极义务通常是指主管机关的不作为义务，即不得实施有损于数据安全的泄密、出售、非法提供等行为。国家机关不得故意泄露收集到的电子商务数据信息，如果是过失泄露了数据信息，则属于积极保护义务之违反。国家主管部门收集数据信息的目的是实现部门的职能，其中包括法律授权范围内的信息公开等，不可以将电子商务数据信息用于销售营利之目的，此处的销售是指有偿提供的行为，广义上也应包括租赁的行为。非法提供是指没有法律或政策上的依据而向其他主体提供所收集到的数据信息，特别是指与其他主管部门分享数据信息。如果若干主管部门均有权向电子商务经营者要求提供相关数据信息，则应分别提出要求，而不能由一个主管部门索取后向其他主管部门提供，除非这种提供行为是法律或行政法规明确授权的。

依法使用电子商务数据信息。主管部门的安全保障义务还包括依法使用电子商务数据信息的义务。其具体含义是指，不仅主管机关在法律授权范围内收集电子商务数据信息，而且对该数据的使用也应该是在法律、行政法规规定的情形下使用，即同时满足收集合法与使用合法的要求。一般来说，法律和行政法规并不会专门针对某一特定主管机关的行为进行规定，而是采取总体性、原则性规定的方式，各个主管部门可根据法律和行政法规制定适合本部门的实施办法，具体细化数据信息的使用规程，在这种情况下部门内部的相关规章制度不得与法律或行政法规相抵触。另外，对电子商务数据信息的使用应该符合最初收集该信息的目的，不得超出其目的而使用数据，对于具体的主管部门来说，就是不得超出其履行行政职能或司法职能的范围来使用电子商务数据信息。例如，税务机关收集的数据信息只能在税务统计、征税管理等工作范围内使用，而不能在该用途之外使用，当然也不可以在没有法律授权的情况下分享给其他机关使用。再如，公安司法机关收集的作为诉讼证据使用的电子商务数据信息，一般不可以在诉讼活动以外使用这些信息，也不可以提供给其他机关使用。《网络安全法》第 30 条规定，网信部门和有关部门在履行网络安全保护职责中获取的信息，只能用于维护网络安全的需要，不得用于其他用途。同时，该法第 73 条规定，将在履行网络安全保护职责中获取的信息用于其他用途的，对直接负责的主管人员和其他直接责任人员依法给予处分。这里需要注意的是，我国实行审判公开原则，在公开审理案件过程中，作为证据的电子商务数据信息应该在法庭上出示并质证，因此很可能被公开，但如果这些数据涉及个人隐私或属于商业秘密的，则仍然可以申请不公开审理或部分不公开审理而保护这些数据信息不被泄露。还应注意，如果行政监管部门在执法过程中收集了电子商务数据信息作为证据使用，原则上不得将其再提供给其他机关使用，但如果公安司法机关因处理刑事案件的需要则可直接使用。《中华人民共和国刑事诉讼法》第 54 条规定，行政机关在行政执法和查办案件过程中收集的电子数据等证据材料，在刑事诉讼中可以作为证据使用，但对涉及国家秘密、商业秘密、个人隐私的证据，应当保密。

第三章　电子商务平台经营者的特殊义务

第一节　禁止实施不正当竞争行为

电子商务成为现代主要的商业模式之一，竞争程度相较更为激烈。市场经济以市场竞争优胜劣汰作为配置资源的基础性手段，部分电子商务平台经营者为了获得眼前的利益而利用其取得的相对优势地位采取不正当竞争手段扰乱市场秩序。为了维护电子商务正常秩序，保护消费者利益，促进电子商务有序健康发展，《电子商务法》第35条对从事电子商务活动的电子商务主体利用优势地位进行不正当竞争、扰乱正常市场经济秩序做了禁止性规定。

一、禁止平台经营者实施不正当竞争行为的必要性

平台经营者滥用优势地位进行不正当竞争，不仅损害其他主体的相关合法利益，也损害整体市场经济的运行。① 因此，《电子商务法》第35条规定："电子商务平台经营者不得利用服务协议、交易规则以及技术等手段，对平台内经营者在平台内的交易、交易价格以及与其他经营者的交易等进行不合理限制或者附加不合理条件，或者向平台内经营者收取不合理费用。"该条是关于电子商务平台经营者服务协议和交易规则内容的限制，其功能主要是防止平台经营者利用优势地位，制定不公平条款，严重损害消费者与平台

---

① 许光耀."相对优势地位"与"市场支配地位"的法理辨析：对《反不正当竞争法（征求意见稿）》第6条的不同阐释［J］. 价格理论与实践，2016（5）：43—45.

经营者的合法权益。需要注意的是，该条的行为主体没有市场支配地位的限定，只要符合该条情况的不正当竞争行为，就可以适用该条规定对其进行规制。

二、平台经营者实施的不正当竞争行为的类型

（一）对相关经营者进行不合理限制

对平台内经营者在平台内的交易、交易价格以及与其他经营者的交易等进行不合理限制是指电子商务平台经营者依靠其强势地位，通过格式条款、格式合同等方式签订服务合同、设定交易规则或利用技术等手段，在网络平台上销售商品或提供服务的同时，就商品或服务的价格、销售对象、销售地区等进行不合理的限制。

（二）对平台内经营者附加不合理条件

对平台内经营者附加不合理条件是指电子商务平台经营者利用其优势地位，通过格式条款、格式合同等方式签订服务合同、设定交易规则或利用技术等手段，迫使其签订独家销售协议、接受不合理的入驻条件等，或者增加特定的不利条件，例如，削减活动资源、搜索降权、屏蔽。上述行为不仅侵害了平台内经营者的自主经营权及交易自由，也阻碍了电子商务平台间的公平竞争，最终将损害消费者权益与社会公共利益。

（三）向平台内经营者收取不合理费用

向平台内经营者收取不合理费用主要是指电子商务平台经营者通过服务协议、交易规则以及技术等手段对其他市场主体进行的横向控制行为。收取不合理费用会产生如下不利影响：第一，平台内经营者倾向于仅在特定电子商务平台从事销售，如签订独家销售协议；第二，通过转嫁自身交易成本，电子商务平台市场份额得以扩大。①

① 王晓晔. 论滥用“相对优势地位”的法律规制［J］. 现代法学，2016，38（5）：79—92.

第二节 保障网络信息系统安全义务

一、保障网络信息系统安全的必要性

电子商务已然成为世界各国社会经济发展的行动力。然而，电子商务的发展仍面临诸多现实问题，不仅包括常见的电子商务经营主体与消费者之间纠纷的解决，还涉及电子商务运行所依托的网络信息系统自身的安全问题。电子商务平台的底层架构是以数据即时通信为核心功能的“网络层”，用以维系线上经营活动的正常运行，乃是电子商务具体业务之根本。但实践中诸如物理设备故障、非法访问、网络攻击、远程代码执行等网络安全问题，中断、阻碍电子商务“网络层”的数据即时通信，直接造成电子商务活动参与主体人身和财产损失，甚至由于海量用户信息泄露直接威胁到国家安全。因此，意欲解决电子商务平台的网络安全问题，除了政府部门对违法犯罪行为的打击之外，还依赖于电子商务平台经营者自身采取合理措施降低网络安全风险，《电子商务法》第30条明确规定电子商务平台经营者有义务保证其网络安全、稳定运行，防范网络违法犯罪活动，有效应对网络安全事件，保障电子商务交易安全。

二、保障网络信息系统安全的基本要求

为了确保用户信息安全和交易活动安全，电子商务平台经营者无论是作为中间平台提供交易服务还是作为直接与用户进行电子商务交易的主体，都应当采取技术措施或其他必要措施保障网络信息系统安全，保证电子商务平台持续稳定运行。保障网络信息系统安全，既包括电子商务平台经营者能够发现、拦截和防御网络安全威胁，保证网络数据正常流动，不被非法访问、泄露、窃取或篡改，也包括在大规模网络攻击中能够快速恢复网络信息系统的正常运作，避免损失扩大。具体而言，包括以下两个方面的内容。

第一，电子商务平台经营者作为普通的网络运营者时应当采取以下措施：

（1）设置“网络安全官”“数据安全官”，负责网络安全责任的落实，执行经营者内部安全管理规章和具体的操作规范；（2）在技术能力范围内，尽可能采取能够运用的网络安全技术手段，侦查、防御潜在的网络攻击；（3）依照相关法律法规，网络日志留存时间不得少于六个月，记录电子商务平台网络运行和数据传输状态以及网络安全事件的全过程；（4）根据数据敏感性、数量等标准进行划分，采取不同级别的保密、身份认证等措施，降低用户信息大规模泄露的风险；（5）提供符合相关国家标准的产品或服务，不得设置“后门程序”、恶意程序等违反强制性要求的代码。经营者应当设置应急响应机制，一旦发现潜在的网络安全漏洞或网络攻击行为，应及时向主管部门报告，并通知和提醒用户采取相关措施；（6）法律、行政法规规定的其他义务。

第二，电子商务平台经营者作为关键信息基础设施①运营者，除应当履行作为普通网络运营者的义务外，还应当按照网络安全法等法律法规的相关规定，履行以下义务保障电子商务平台的网络信息系统安全：（1）贯彻“三同步”原则（即同步规划、同步建设、同步使用），在搭建被认定为关键信息基础设施的相关网络信息系统（包括软件和硬件）时，应当确保该系统的持续运作、业务稳定的基本功能要求；（2）设置专职网络安全责任人和部门，事前对相关工作人员进行安全背景审核，严格规范网络安全工作流程，规避关键岗位工作人员的道德风险，定期展开网络安全教育、培训和考核；（3）实时备份重要数据，提升网络攻击后的快速恢复能力；（4）合理设置网络安全应急预案，定期演练，保证网络安全事件发生后，各方主体能够及时采取应对措施；（5）遵守我国网络安全审查制度，在采购网络信息系统关键设备和软件时，与供应商签订安全保密协议，实现安全标准的事前落实，必要时，可由国家相关部门组织国家安全审查；（6）涉及数据跨境流动时，应当遵守我国相关规定，对跨境流动的必要性、数据传输范围、数据存储节点等事项进行安全评估，涉及重要数据、敏感数据时，仅限于中华人民共和国

① 关键信息基础设施是指公共通信和信息服务、能源、交通、水利、金融、公共服务、电子政务等重要行业和领域，以及其他一旦遭到破坏、丧失功能或者数据泄露，可能严重危害国家安全、国计民生、公共利益的基础设施、信息系统等。

境内存储；（7）每年至少对网络安全风险进行一次检测评估，并将结果和改进措施报告主管部门；（8）法律、行政法规规定的其他义务。

三、建立健全应急响应机制

囿于网络信息技术的局限性，“绝对安全”的网络信息系统并不存在，同时，法律亦不可能“强人所难”，这就要求经营者消除所有的网络安全威胁。因此，应急响应机制自然成为经营者的网络信息系统安全保障义务的内在要求。一方面，应急响应机制强调了对网络安全风险的事前防范；另一方面，该机制突出了对网络安全事件的事中和事后应对，具有抑制损失扩大、增强网络安全风险识别意识等功能。电子商务经营者应当定期演练应急响应机制，避免具体响应方案流于形式，强化该机制的实际功能。

（一）应急预案的设计与更新

考虑到网络安全事件牵涉范围之广、波及速度之快，在设计具体的网络安全事件应急预案时，经营者应当考虑以下相关事项：（1）明确相关部门和机构的职责；（2）细化网络安全威胁识别、研判和预警、事件通报、应急响应、预警解除、应急结束等具体流程；（3）明确网络安全事件解决、原因调查和事后评估的责任主体；（4）明确应急预案的定期演练计划；（5）确立内部网络安全培训和考核制度；（6）定期更新检查网络安全相关技术措施，保障技术专家和关键岗位工作人员的到岗到位。

网络安全事件应急预案应当事前向主管部门通报备案，定期更新评估预案的具体流程和责任主体，适应日益复杂化的网络安全态势；同时，在网络信息系统的操作平台、技术环境等关键因素发生变更时，应当同步调整网络安全应急预案内容，倘若在日常网络安全监测中发现潜在威胁，应当及时通知各方参与主体，事前采取应对措施。

（二）应急处置的具体内容

1. 网络安全事件通报

在发生或可能发生网络事件时，电子商务平台经营者应当按照应急预案在内部及时进行处理，并留存具体处置信息。若涉及难以及时消除或影响范围广的网络安全事件时，经营者应当将事件类型、处理方案和结构、影响范围、是否需要监管机构援助等事项一并报告主管部门，并告知用户可能潜在的网络安全威胁以及控制措施。

2. 事件处理

网络安全的实现从来都不是仅凭单一部门或机构能够实现的，为了能够适应千变万化的网络攻击方式，电子商务经营者应当与外部机构和组织形成“网络安全共同体”，进行协同式防御。协同式防御体系能够实现资源、人才和技术的有效配置。网络安全事件一经发生，经营者立即执行应急预案，与政府部门、行业组织以及网络安全服务提供者等参与主体进行协作，从内部和外部两个渠道处置网络攻击、系统漏洞等安全威胁，尤其是关键信息基础设施发生故障或服务中断时，实现快速响应，及时回档数据，尽快恢复网络信息系统的全部功能和业务能力。

事后信息反馈亦是保障网络信息系统安全的重要内容之一。电子商务经营者应当能够为监管机构和执法部门提供可靠可信的网络安全日志，溯源网络安全事件的起因、过程以及事后结果。日志应当记录访问 URL、IP 地址、操作时间等信息。经营者同时应当进行内部管理反馈，根据业已发生的网络安全事件，及时调整网络安全信息系统的硬件配置和操作环境，增加对同类网络安全威胁的“免疫力”。

第三节　数据信息留存义务

电子商务交易中，买卖双方以电子商务网络平台为媒介进行磋商、要约、承诺、交付商品、支付价款、提供售后等一系列活动，这个过程通常不会产生和留存纸质的记录或凭证，只会在电子商务经营者的网络平台中留存记载全过程的电子数据。电子商务交易平台中存储着大量的商品和服务信息、交易信息，这些数据对于提供售后服务，解决交易中的纠纷，维护消费者合法权益都有着重要意义。

一、数据信息留存的必要性

电子商务经营者的网络平台是电子商务交易活动的场所，是与此相关信息产生的最重要的技术条件，同时也是有效留存这些数据信息的技术条件。这是电子商务平台经营者承担留存数据信息义务的客观条件。此外，电子商务平台经营者在经营过程中直接获取了经济利益，其可以通过分析研究其掌握的包括用户个人信息在内的大量服务信息和交易信息，来产生广告收益、深度销售收益等，为此理应负担与此相关的义务，即出于为交易各方提供售后及维权的需要而应当存储相关信息，这是电子商务平台经营者承担数据留存义务的主观原因。

此外，电子商务平台经营者作为企业应该承担一定的社会义务，这主要表现为配合主管机关履行社会服务或管理的职能，也包括配合公安司法机关追究违法犯罪行为，向其提供证据材料，为此应当将相关的交易信息和服务信息进行存储，以确保能够有效配合相关主管部门的工作，进而实现其社会职能。由此可见，平台经营者留存电子商务服务信息和交易信息，一方面可以便于用户查询，另一方面可以作为国家主管机关进行监管、平台消费者维权时调取证据的数据信息来源。

二、与相关法律法规的衔接

与《电子商务法》第 31 条的规定相似，其他一些法律和规范性文件中也有关于数据信息留存义务的规定。《网络安全法》第 40 条规定，网络运营者应当对其收集的用户信息严格保密，并建立健全用户信息保护制度。《网络安全法》第 47 条规定，网络运营者应当加强对其用户发布的信息的管理，发现法律、行政法规禁止发布或者传输的信息的，应当立即停止传输该信息，采取消除等处置措施，防止信息扩散，留存有关记录，并向有关主管部门报告。

商务部发布的《第三方电子商务交易平台服务规范》第 5. 5 条规定，平台经营者应当妥善留存在平台上发布的交易及服务的全部信息，采取相应的技术手段保证上述资料的完整性、准确性和安全性。站内经营者和交易相对人的身份信息的保存时间自其最后一次登录之日起不少于两年；交易信息保存时间自发生之日起不少于两年。站内经营者有权在保存期限内自助查询、下载或打印自己的交易信息。鼓励第三方交易平台通过独立的数据服务机构对其信息进行异地备份及提供对外查询、下载或打印服务。

《网络交易管理办法》第 30 条规定，第三方交易平台经营者应当审查、记录、保存在其平台上发布的商品和服务信息内容及其发布时间。平台内经营者的营业执照或者个人真实身份信息记录保存时间从经营者在平台的登记注销之日起不少于两年，交易记录等其他信息记录备份保存时间从交易完成之日起不少于两年。第三方交易平台经营者应当采取电子签名、数据备份、故障恢复等技术手段确保网络交易数据和资料的完整性和安全性，并应当保证原始数据的真实性。

此外，一些地方政府规章也有类似规定，例如，《杭州市网络交易管理暂行办法》第 24 条规定，第三方网络交易平台经营者应当记录在平台上发布的商品和服务信息、发布时间以及交易记录等信息，保存期限自完成之日起不得少于两年。第三方网络交易平台经营者应当按照国家规定的等级和标准保护交易网络系统的安全，并采取数据异地灾难备份、故障恢复等技术手段，保障网络交易数据和资料的完整性、真实性和安全性。

上述规定与电子商务法既有一致的地方，也存在差异。共同点就是强调对相关数据信息要妥善留存一定时间，以确保满足交易、管理、监管的需要。正如前文所述，相关交易信息，例如，交易主体数据信息的存储，首先，可以避免电子商务交易中身份的重复认证，简化交易流程，提高交易效率；其次，服务信息和交易信息的存储可便于用户查询检索核实，为解决纠纷、维护用户合法权益提供证据；最后，可以配合主管机关实现监管职能。关于差异性，以商务部《第三方电子商务交易平台服务规范》为例，其特别规定了电子商务交易中用户身份信息的保存时限，即用户停止登录之后至少还要保存两年，其目的在于保障用户对平台账号的正常使用，同时也确保身份信息作为证据材料时能够被正常使用。《电子商务法》第 31 条规定的则是交易完成之日起，交易信息和服务信息还应至少留存三年。电子商务法的规定实际上是对此前出台的法律及规范性文件内容的确认，但对于服务信息和交易信息的留存时间下限进行了明确，从规范级别和出台时间来看，应以电子商务法的规定为准。当然，这个时间下限在特殊情况下也可变更，但需要有法律或行政法规的明确规定，其他级别的规范性文件原则上不得变更电子商务法的规定。

三、数据信息留存的具体要求

《电子商务法》第 31 条分别从数据信息的留存范围、留存时间、留存要求等几个方面作出了规定。

（一）留存范围

电子商务平台经营者留存数据信息的范围包括以下两类。

一是在平台上发布的商品、服务信息。这类信息通常是发布主体单方面提供而形成的数据信息，此类信息可能是由提供商品或服务的交易当事人发布，也可能是由具有自营业务的平台经营者自行发布。商品和服务既可以是线下的商品和服务，也可以是线上的商品和服务，其具体内容与传统交易模式下商品或服务的信息并无本质不同。鉴于电子商务自身的特点，平台上发布的商品或服务信息在内容方面还有一些不同于传统交易的地方，例如，由于不能直接接触商品实物，故此应提供更加详细的说明，更加丰富的细节图片或操作视频，甚至生产加工过程，如果是二手商品还应详细说明和展示折旧情况或瑕疵缺陷等。实践中，电子商务交易通常会直接对接物流服务，因此在发布商品或服务信息的同时还会一并发布物流服务信息。需要说明的是，该条所说的服务信息是作为交易对象的说明信息而存在，而物流服务信息则应属于该条中商品或服务信息的附随信息，与此相类似的还有关于公益类信息、保险类信息、信用类信息等，通常也会随着商品或服务信息的发布一并发布。

二是平台上的交易信息。这类信息通常是交易双方或各方在完成交易过程中形成于电子商务平台的各种记录，它包括了买卖双方，以及买卖双方与电子商务经营者之间为完成交易而实施的所有互动过程。由此可见，交易信息是动态形成的，而商品和服务信息则一般是静态信息的电子化。交易信息包括以下内容：买卖双方为达成交易而进行的咨询和磋商过程的信息，订单生成信息，卖方发货信息，买方收货信息，指令第三方平台支付信息，售后协商过程的信息，买卖双方纠纷解决过程的信息，纠纷提交电子商务平台处理的信息，平台解决纠纷过程的信息等，此外还应包括物流等相关附随信息。因此，交易信息可以分为交互类信息和时间类信息两大类，表现形式可以是文字、图片、音频、视频等。

（二）留存时间

《电子商务法》第31条规定，电子商务平台经营者应自交易完成之日起至少留存商品、服务信息和交易信息三年。这个时间下限已经显著延长了前文中提到的部门规章和地方政府规章中的时间下限。无论是部门规章中的两年还是电子商务法中的三年，都与诉讼时效制度密切相关。《民法总则》第188条规定，向人民法院请求保护民事权利的诉讼时效期间为三年。法律另有规定的，依照其规定。诉讼时效期间自权利人知道或者应当知道权利受到损害以及义务人之日起计算。普通诉讼时效随着民法总则的出台由两年延长为三年，在电子商务立法领域也就体现为电子商务经营者留存相关数据信息从至少两年变更为至少三年的义务。从诉讼时效角度来看，电子商务经营者留存数据信息的义务正是为了消费者更好维权服务的，故此在时间上两者匹配。当然，留存数据信息的另一个意义是为了配合主管机关的工作，一般来说，三年的留存期限已经足够，主管机关常规性提取数据行为通常不会超过三年。但我们也应注意到，公安司法机关追诉犯罪行为受到追诉时效的限制，而追诉时效和诉讼时效的计算依据并不相同，由此可能产生的问题就是，电子商务经营者经过三年数据留存期后销毁了相关信息，而此时追诉时效尚未经过，案件还处在侦查过程中，侦查机关需要从电子商务经营者那里提取相关的数据信息却客观上无法取得，进而影响到追究犯罪。关于这个问题，我们认为，《电子商务法》第31条规定的是下限要求，并非一旦满足三年期限就必然销毁数据，亦即经过三年后，电子商务经营者对此类数据将进入非强制性留存阶段，对数据可依据私法原则协商处置，在该阶段相关数据信息仍然可能存在并可以被公安司法机关所获取。出于社会管理和追究违法犯罪的需要，最为理想的方式是永久存储数据，实施档案式管理，但这并非是作为企业的电子商务经营者所应承担的社会角色，电子商务经营者非出于自身利益而留存信息会相应增加其运营成本，因此就需要在承担社会责任和维护电商利益之间取得一个平衡。目前看来，不宜使电子商务企业承担过重的义务，规定留存数据信息的时间只是为民事主体维护合法权益提供客观上的便利条件，即便电子商务经营者不是侵权主体，但毕竟提供了交易环境，故应为避免和解决纠纷提供便利。而作为犯罪行为，其评价已经超出了平等民事主体的范围，现阶段不宜苛求电子商务经营者的留存义务。

（三）数据留存的其他要求

1. 确保数据信息完整性、保密性、可用性

关于电子商务平台经营者留存数据信息的要求，《电子商务法》第 31 条明确规定要达到确保数据信息完整性、保密性、可用性的标准。此处所谓完整性不同于技术领域的数据完整性，而是指实现本法之目的所要求的数据完整性。一次完整的电子商务交易行为，至少会包括商品或服务信息，以及订单信息、发货信息、收货信息、支付信息等交易信息，有时还会生成与该交易相关的物流信息、磋商信息、纠纷解决信息等。如果是不完整的交易行为，则可能会在上述信息基础上有所减少，例如，可能只有商品或服务信息，以及前期磋商信息，而没有后续购买行为生成的相关信息，或者虽然生成了订单和发货信息，但买方拒绝收货而缺少收货信息等。但无论是哪种情况，数据信息的完整性均要求是对整个交易过程的记录，能够通过该记录再现电子商务交易的完整过程。当在形式上缺少部分数据信息时，应该能从其他信息那里得到符合逻辑的解释，从而保证该信息的完整性。如果具有收货信息，但却没有订单信息，其他信息又无法进行符合逻辑的解释，则说明留存的信息不具有完整性。所谓的保密性是指电子商务平台经营者不得泄露留存的数据信息，确保该信息存储安全。一方面，平台经营者应制定有关保障数据安全的规则，划定接触该数据信息的人员权限与范围，明确信息安全事故的追责制度等；另一方面，平台经营者应采取相应的技术措施，以确保数据信息的安全。所谓的可用性是指留存的数据信息能够被用来维护消费者权益和满

足主管机关的需要。若要达到这样的目的，就需要数据信息完整、真实、可靠。电子商务平台中的商品、服务信息和交易信息自交易完成之日起不得被篡改，或者虽有变更但应有相关的记录，能够真实完整地反映整个交易过程，为解决相关纠纷、实现监管职能、追究违法犯罪等提供依据。总之，保密性能够保障数据的完整不被篡改，保持数据原始、客观、真实的状态，完整性则使得保密措施的意义得以彰显，也提升了数据信息的有效可信度，可见完整性、保密性和可用性相辅相成，共同构成电子商务平台经营者留存信息义务的具体要求。

2. 留存数据信息的具体措施

关于电子商务平台经营者留存数据信息的具体措施，《电子商务法》第31条并没有明确规定，这实际上是网络技术中立原则的体现。国家在制定法律时，对各种技术应同等对待，不应依据技术之外的因素对技术本身进行区分，而应给予各种技术以公平竞争的机会，从而促进技术的进步与发展。鉴于此，我们在立法时不把对某一种特定技术的理解作为法律规定的基础进而排斥其他的技术，在国际范围内也不应把政治因素等技术以外的因素作为排斥某种技术适用的理由。电子商务法在立法时遵循了技术中立原则，但为确保规范效果同时采取了所谓的最低限度方案或技术非特定化方案，即不规定具体的技术措施，允许技术多样化，由市场和消费者去作出判断和选择，法律仅提出原则性要求，不对具体技术作出选择。所谓的原则性要求就是符合完整性、保密性和可用性的要求，最低限度方案就是电子商务平台经营者为留存数据信息而采取的技术手段应满足的最低限度要求。在此基础上，鼓励经营者采取安全程度更高、效果更好的技术措施，但不对此作出强制性规定。

第四章　电子合同

第一节　电子商务合同概述

电子商务法针对电子商务合同的特点，对我国现有法律予以重要补充与修正，对于我国方兴未艾的区块链、智能合同等技术的发展应用提供了重要的法律支持，奠定了我国数字经济环境下新型交易法的基础，对我国合同法，乃至整个民商法体系，均有重大的法律意义。

一、电子商务合同的法律适用

电子商务法关于电子商务合同的规定是建立在现有法律体系基础上的。民法总则、合同法、电子签名法等现有法律中已有关于合同主体、订立、效力、履行、变更和转让、权利义务、终止及违约责任等相关的法律规范，特别是关于“数据电文”“电子签名”等规定，除电子商务法明确补充或者修订更新之外，均继续适用。但电子商务法关于电子商务合同制定的新的法律规范，优先于现有规范适用。

二、电子商务合同的法律效力

电子商务合同，除非特殊情况（例如，缔约当事人特别约定采用传统纸面方式签订）或者特殊领域（例如，法律、行政法规强制性要求合同采用传统纸面方式签订），都是采用自动信息系统订立的。电子商务合同的自动信息系统，是指按照事先设定的算法、程序指令、运行参数与条件，在无自然人确认或者干预的情况下，为交易双方订立或者履行合同进行信息互动的计算机系统。自动信息系统发送、接收信息与相对方互动，可以导致当事人之间合同关系的发生、变更与终止。

电子商务法从两个方面明确了自动信息系统在电子商务合同的订立与履行中的效力。

第一，电子商务法消除了法律障碍，承认自动信息系统自动性的法律效力。因此，通过自动信息系统发送或者接收数据电文与对方当事人进行信息交互，不得仅因其自动性（即无自然人确认或者干预系统发出与接收的每一信息），而否定订立或者履行合同的法律效力。

第二，自动信息系统未经人工直接干预而自动生成、发送、接收的数据电文，属于使用该系统的法律主体（包括自然人、法人或者其他组织）实施的行为，并由该法律主体承担相应的法律后果。在电子商务活动中，虽然自动信息系统被俗称为“电子代理人”，但是并不同于法律上的代理人及代理关系，也不能适用民法总则、合同法关于代理的法律规定。自动信息系统本质上是一种工具，并非法律上的权利和义务的主体，其使用者应当对其生成、发送、接收的任何数据电文承担责任。

三、电子商务合同当事人行为能力推定

《电子商务法》第48条第2款规定，当事人在电子商务中推定其具有相应的民事行为能力。但是，有相反证据足以推翻的除外。上述条款是针对电子商务远程交易的特点新增的行为能力推定，补充适用于民法总则、合同法关于民事行为能力的规定。

在缔结电子商务合同的过程中，一方当事人通常只能依赖对方当事人提供的信息与作出的意思表示判断对方的行为能力。在实践中，未成年人、精神疾病患者在网络上购买大额商品、使用电子支付的情况屡屡发生。电子商务经营者作为交易相对方通常难以在网络环境下、通过自动信息系统认定消费者无行为能力或者无与其年龄、智力、精神健康状况相符合的行为能力。电子商务法规定的法律推定则能够保障交易安全与善意相对人的利益，维护

电子商务合同的有效性，同时防止无行为能力人、限制行为能力人的监护人推脱、逃避监护责任，维护电子交易秩序。

四、电子商务合同用户的法律保障

电子商务的自动信息系统是按照预先设定系统的算法、程序指令、运行参数与条件运行的。使用自动信息系统的当事人中，能够控制与设置自动信息系统的算法、程序、参数与条件的一方，比对方拥有明显的技术优势，可能造成缔约及履约中权益失衡。因此，法律特别保护不能控制与设置自动信息系统的一方当事人的利益，赋予其自动信息系统“用户”的地位与权利。

电子商务经营者使用自动信息系统订立或者履行合同，依据电子商务法的规定，应当承担保障自动信息系统用户合法权益的义务，以确保经营者自动信息系统设置信息透明、公平合理。

（一）自动信息系统设置必须信息透明

《电子商务法》第 50 条第 1 款规定，电子商务经营者应当清晰、全面、明确地告知用户订立合同的步骤、注意事项、下载方法等事项，并保证用户能够便利、完整地阅览和下载。根据该条款规定，电子商务经营者使用自动信息系统订立合同的，应当清晰、全面、明确告知用户与订立合同相关的技术性、应用性信息，包括订立合同的步骤、信息下载方法、软硬件要求、系统兼容、用户界面等注意事项，并保证用户能够便利、完整地阅览和下载这些信息。

（二）自动信息系统设置必须公平合理

《电子商务法》第 50 条第 2 款规定，电子商务经营者应当保证用户在提交订单前可以更正输入性错误。上述条款是针对电子商务特点制定的。电子商务经营者使用自动信息系统订立合同的，用户在与自动信息系统互动通信中按错按键、误入数据的情况时有发生。相比传统缔约方式中出现的笔误，电子商务用户在与自动信息系统信息互动中误击“确认”键或误点“同意”按钮等情况更为常见。为了避免用户发送错误信息，电子商务法规定了电子商务经营者公平设置自动信息系统的义务，即经营者应当在所使用的自动信息系统中设置有关的保障性措施与程序，给予用户及时纠正输入性错误的机会。

第二节　电子商务合同的成立与履行

一、电子商务合同的成立

（一）一般情形

针对电子商务的实际情况，《电子商务法》第 49 条第 1 款规定，电子商务经营者发布商品或者服务信息符合要约条件，当事人选择该商品或者服务并提交订单的，合同成立。当事人另有约定的，从其约定。上述条文并非一概地承认电子商务经营者发布的商品或者服务信息属于要约，而是将问题聚焦于“是否符合要约条件”上面。

从保护用户合理的信赖利益的角度看，用户访问电子商务经营者使用自动信息系统发布的商品或者服务信息，并与之互动、提交订单，有理由相信此种系统发布的信息是有约束力的要约；用户发出的订单应视为承诺，导致合同有效地订立。如果电子商务经营者不愿受到信息发布的约束，就需与用户“另行约定”。

（二）消费者合同

为了保护消费者的合法权益，电子商务法规定电子商务经营者使用自动信息系统向消费者发布商品或者服务信息，允许消费者成功提交订单的，应承担额外的义务与风险。电子商务经营者不得以格式条款等方式约定消费者支付价款后合同不成立；格式条款等含有该内容的，其内容无效。

在面向消费者的电子商务活动中，消费者大多数情况下提交订单同时就完成了电子支付。根据电子商务法的规定，经营者即便在自动信息系统中设置格式条款，约定消费者提交订单、支付价款后合同不成立，该条款也无效，合同仍然成立。电子商务法在很大程度上限制了经营者设置格式条款的自由，将合同成立的决定权赋予了消费者，这是对消费者权益的有力保障。

二、电子商务合同的履行

（一）履行方式

电子商务合同以数据电文形式订立，并可以通过在线数据传输加以履行。自动信息系统在电子商务合同与履行中可以发挥重要作用。电子商务合同的交易标的为数字产品（包括著作权、专利、商标等知识产权、数据、网络虚拟财产等）的，合同的交付义务通常以在线传输的方式履行。电子商务合同的标的为有形商品或者服务的，随着区块链、物联网等技术的普及应用，也可以通过传输有关商品或者服务的编码、密钥、电子权利凭证等方式在线履行。

（二）交付时间

《电子商务法》第 51 条第 2 至 3 款规定，合同标的为采用在线传输方式交付的，合同标的进入对方当事人指定的特定系统并且能够检索识别的时间为交付时间。合同当事人对交付合同标的时间另有约定的，从其约定。上述规定与合同法、电子签名法以及民法总则中关于数据电文接收、到达与生效时间的规定不同，电子商务法规定合同标的“进入对方当事人指定的特定系统”且“能够检索识别”的时间为交付时间。虽然词语表达上有所不同，但是含义基本相同，可作同样的解释。数据电文“进入”收件人指定的特定信息系统，即能够在该信息系统内进行处理，为收件人所检索识别。因此，标的进入收件人指定的特定系统与为收件人所能够检索识别，属于同义语。只不过“标的进入收件人指定的特定系统”的表述比较抽象，电子商务法增加的“为收件人所能够检索识别”的表述，则比较具体、便于判断。

在具体交易过程中，可能出现收件人未尽合理的注意义务，导致已经进入指定的特定系统的标的，因该系统所采用的安全防护技术措施（如垃圾邮件过滤、杀毒软件屏蔽），而无法为收件人所检索识别的情况。在此情况下，数据电文无法检索识别是由于收件人自己的行为造成，不应因此使发件人暴露于无法预期的风险之中，收件人应当自负其责，不得因此否认或者延迟标的交付的时间。收件人信息系统的设置还可能导致进入其指定系统的标的，虽然能够被系统所访问与检索，但是因标的编码、加密、语言等原因无法为收件人识别的情况。在此情况下，如当事人之间无约定，应推定合同标的已经向收件人交付；但是，收件人要求发件人提供必要协助的，发件人应协助使收件人得以检索与识别所交付的标的。

第三节　电子商务快递物流

快递物流是电子商务产业链的重要组成部分，发挥着至关重要的作用。在产业链中，快递物流是实现网络购物交易的关键组成环节，是信息流、商流和资金流最终实现的根本保证。只有通过快递物流配送网络，将电子商务交易物品真正转移到消费者手中，商务活动才能结束，快递物流实际上是以商流的后续者和服务者的姿态出现。我国快递企业经过长期发展，逐步形成了直营、加盟、“电商 + 快递”三种模式并存的特色经营。快递发展到今天，兼具互联网因素和实体因素。以邮政法为核心的针对快递服务方面的法律法规已经比较完备。快递服务于互联网具有一定的特殊性，其规制还未成体系，电子商务立法为规范线上线下的快递经营活动提供了法律依据。

一、电子商务实物商品的交付

电子商务交易的标的物通常是实物商品、数字产品、服务等。电子商务交易与传统实物交易相比，存在时间、空间上的非同步性。在交易过程中，买卖双方将对具体的交付方式、时限、地点等合同核心条款达成一致。电子商务中实物商品的交付较常见的是采用快递物流的方式送达；交付时限则包括了发货时间和商品运输在途时间；交付地点大多为买方所在地指定地点。电子商务经营者对交付事项有承诺，买方均接受的，按照合同约定履行交付。

交付是完成电子商务交易的关键环节，随着科技的不断发展，可能产生新的交付方式，从而影响对交付时间、交付方式等问题的认定。对此，电子商务法赋予当事人以自由约定的权利，即维护平等民事主体之间真实意思表示，又为电子商务、快递物流科学技术发展留有空间。《电子商务法》第 20 条规定，电子商务经营者应当按照承诺或者与消费者约定的方式、时限向消费者交付商品或者服务，并承担商品运输中的风险和责任。但是，消费者另行选择快递物流服务提供者的除外。

二、收件人的查验权利

根据《电子商务法》第 52 条第 2 款的规定，快递物流服务提供者在交付商品时，应当提示收货人当面查验。电子商务快递包裹的最终收件人一般是电子商务交易实物商品的买受方（消费者），有关包裹交付环节的验收方式关系到卖、递、买三方的切身利益，也是容易引起纠纷的关键环节。实践中，包裹最终交付环节的验收确认规范一般包括以下内容。

第一，快递物流服务提供者应当严格按照约定的收件地址和收件人进行包裹投递，除非收件人同意，不得要求收件人到指定地点收取包裹。

第二，快递物流服务提供者揽收包裹前，应当与电子商务经营者约定包裹交付验收的具体方式，这对电子商务经营者出售商品时向消费者告知收货确认方式有指引作用，对保护消费者知情权和公平交易权有积极意义。

第三，在有事先约定的情况下，以及包裹出现毁损等特殊情况下，消费者可以先开拆包裹验视内件商品再作出收货确认或者退货决定，有利于及时确定责任人和保留证据线索，为消费者维护自身的合法权利提供了保障。考虑到包裹交付验收的方式、深度多种多样，快递物流服务提供者有义务提示收货人当面查验快递包裹内件，收货人有权要求查验之后再签收快递包裹。

三、电子商务快件运输风险和责任

快递企业为电子商务经营者提供快递服务，由于电子商务快件寄递的是实物商品，实物商品就会涉及运输投递过程中风险和责任的承担问题。电子商务法所确立的“交付原则”，是以电子商务实物商品的交付时间来确定风险和责任的转移时间，即快递物流服务提供者在向收货人交付商品之前，其运输中的风险和责任由电子商务经营者承担，一般也就是发货人承担，从而确立了电子商务快件在收货人签收、完成交付之前，损失应当由电子商务经营者承担。显然，这与一般快件的寄递风险和责任分担是不一样的，谁承运谁担责、谁侵权谁赔偿是一般民法原则，而电子商务法从电子商务快递物流特点和实际出发，创造性地作出了发货人承担风险的制度安排。一方面，最大限度保护消费者合法权益，有利于实现损害赔偿请求；另一方面，减轻快递物流服务提供者的风险和责任，减少与消费者之间的纠纷，提高运营效率。

电子商务法所确立的"交付原则"是以电子商务实物商品的交付时间来确定风险转移的时间，而不把风险转移问题与所有权转移问题联系在一起。由消费者指定其他快递物流服务提供者完成实物商品投递运输的情况下，电子商务经营者不得拒绝，其可以要求消费者补偿合理的运费差价，或者采取收货时支付运费的方式。此种情况下，商品在运输过程中的所有权在消费者控制之下，由消费者承担运输中的风险和责任，但是电子商务经营者不免除商品发货阶段应当承担的义务。

这样的规定保障了消费者对快递物流服务提供者的选择权，消费者可以根据自己的实际情况选择服务项目、服务质量、更符合自身个性化需求的快递物流服务提供者；另外，要考虑到电子商务经营者对快递物流服务供应商的选择问题，合理认定运输风险和责任。

四、规范快递物流服务流程

快递物流服务具有完整的服务流程，电子商务法从保障消费者权益的角度进一步明确了快递物流服务提供者应尽的法律义务。

（一）公示服务承诺

《电子商务法》第 52 条第 2 款规定，快递物流服务提供者为电子商务提供快递物流服务，应当符合承诺的服务规范和时限。因此，快递物流服务提供者应当在其经营场所，或以互联网等其他方式公示服务承诺事项，这是保护消费者知情权、选择权的基本措施。关于快递物流服务提供者应当公示的服务承诺事项的具体内容，以及承诺事项变更后进行公示的具体时限，其他法律、行政法规以及相关标准可以在其权限范围内予以规定。服务能力较强的快递物流服务提供者还可以在国家规定基础之上，自主增加更多的公示内容，直至形成更高的企业标准。

（二）快递物流服务末端递送

《电子商务法》第 52 条第 2 款明确规定交由他人代收的，应当经收货人同意。现实中经常出现快递员在派送快件时，收件人本人不能及时签收，为了提高首次派件成功率，快递员会选择使用智能快件箱、驿站等非合同约定的方式完成递送，这种情况也应该属于广义的第三方代收。作为一种新型的智能化投递模式，智能快件箱提高了快递服务效率，起到了保护用户隐私的作用，但是其使用要尊重用户的选择权。2019 年 10 月 1 日起施行的《智能快件箱寄递服务管理办法》遵循了法律的基本原则，其第 22 条规定："智能快件箱使用企业使用智能快件箱投递快件，应当征得收件人同意；收件人不同意使用智能快件箱投递快件的，智能快件箱使用企业应当按照快递服务合同约定的名址提供投递服务。寄件人交寄物品时指定智能快件箱作为投递地址的除外。"

（三）代收货款服务

代收货款服务不是独立的金融服务，而是以快递物流服务为基础的延伸服务。《电子商务法》第 52 条第 4 款规定，快递物流服务提供者在提供快递物流服务的同时，可以接受电子商务经营者的委托提供代收货款服务。快递物流服务提供者利用自身服务网络和资源，在提供电子商务快递包裹递送服务的同时，接受电子商务经营者的委托向消费者收取快递包裹内的商品对应的货款。货款的付款义务主体为消费者，消费者拒收商品或者不支付货款时，快递物流服务提供者不承担责任。

（四）履行环境保护义务

《电子商务法》第 52 条第 3 款要求快递物流服务提供者应当按照规定使用环保包装材料，实现包装材料的减量化和再利用。这也是首次在法律层面对快递物流的包装问题进行规范。目前，《中华人民共和国清洁生产促进法》《中华人民共和国循环经济促进法》《中华人民共和国固体废物污染环境防治法》等法律对包装提出了总体要求。此外，《中华人民共和国铁路法》《中华人民共和国海商法》等对货物运输中的包装问题进行了规定。《快递暂行条例》在使用绿色包装、实现包装的绿色化、减量化和可循环方面作出倡导性规定。在国家政策层面，《中共中央 国务院关于全面加强生态环境保护 坚决打好污染防治攻坚战的意见》提出了推行绿色消费，出台快递业、共享经济等新业态的规范标准。《国务院办公厅关于推进电子商务与快递物流协同发展的意见》以及《国务院关于促进快递业发展的若干意见》也都提出了快递绿色发展的任务。

2018 年，国家质量监督检验检疫总局和国家标准化管理委员会发布了新修订的《快递封装用品》系列国家标准。标准以快递物流包装减量化、绿色化、可循环为基本原则，提出快递包装袋宜采用生物降解塑料，重金属与特定物质限量；针对不同的快递封装用品，应分别印有可回收标志、重复使用标志或塑料产品标志，便于回收处理。

一方面，电子商务立法将这项倡导性义务赋予快递物流服务提供者，认为解决这一问题的关键在需求方。以法为依据，可以在快递物流企业具体的操作过程中对产业链上游、下游企业施加影响，推进绿色包装，最终实现电子商务绿色可持续发展。另一方面，有义务就要有相应的权利，快递物流服务提供者为履行法律义务，可以向下游的包装生产企业提出绿色包装生产要求，也可以向上游的电子商务经营者提供统一的符合环保要求的绿色包装材料，以此形成快递物流绿色包装产业链，满足法律规定的要求。

第四节　电子支付

一、电子支付的概念

“支付”概念古已有之，现代的基本概念就是指“付出，付给，多指钱款的给付”。现代作为术语的“支付”（payment），在中文文献中的含义表述为“社会经济活动引起的债权债务清偿及货币转移行为”①，国际上对支付的

① 帅青红. 网上支付与安全［M］. 北京：北京大学出版社，2010：2.

定义主要采用国际支付和市场基础设施委员会（the Committee on Payments and Market Infrastructures，CPMI）[①] 的定义，该组织将支付定义为：“付款人向收款人转移可以接受的货币债权（的过程）。通常情况下，该债权表现为现金、在金融机构或中央银行持有的存款余额的形式。”[②] 这些货币债权可以是对本国或者外国中央银行的货币债权（中央银行货币），也可以是对本国或外国商业银行的货币债权（商业银行货币）。[③]

电子支付是指付款人与收款人通过电子形式的支付指令实现货币资金转移的行为。中国的电子支付与电子商务有着非常紧密的关系，两者相伴相生，互相促进，正是依赖高效、便捷、低成本的电子支付手段，我国电子商务市场才得以迅速发展到今天的规模。我国电子商务在发展初期曾面临诸多困难：其一，商户在与商业银行进行连接的过程中，需要支付相应的维护成本和交易费用，这些费用增加了小规模商户和个人网店店主的运营成本；其二，商户与消费者之间的信任关系并不能天然建立，相反，和线下交易相比，线上交易由于存在网络带来的不对称性，建立信任关系的成本更高。这体现在两个方面：第一，提前付款模式的交易关系中，消费者对于小规模商户和网店的信誉无法天然相信，且在生活实践中消费者遭受欺诈的案例屡见不鲜；第二，货到付款模式的交易关系中，如果消费者收到货物之后选择拒收，就会产生相应的时间成本和物流成本，此成本一旦大量累积往往会突破商户可以承受的能力范围。这种高度的信息不对称促使市场中出现道德风险和逆向选择的情况，电子商务的发展受到强力阻碍。面对如此困境和现实需求，随着

① 国际支付和市场基础设施委员会，原名国际支付结算体系委员会（the Committee on Payment and Settlement Systems，CPSS），是由 30 个国家央行组成的全球经济会议（the Global Economy Meeting，GEM）发起成立的国际性专业组织，秘书处设在国际清算银行（Bank for International Settlements，BIS）。See BIS，Committee on Payments and Market Infrastructures-History of the CPMI. [OL] [2017 - 12 - 31] . https：//www. bis. org/cpmi/history. htm.

② Original text：“The Payer's Transfer of a Monetary Claim on a Party acceptable to the Payee. Typically, Claims Take the form of Cash or Deposit Balances Held at a Financial Institution or at a Central bank. ” See BIS，Committee on Payments and Market Infrastructures – Glossary [OL] [2017 – 12 – 31] . 2016 – 10 – 17，https：//www. bis. org/cpmi/publ/d00b. htm? &selection = 170&scope = CPMI&c = a&base = term.

③ 中国支付清算协会. 支付清算理论与实务 [M]. 北京：中国金融出版社，2017：4—5.

互联网新技术的不断发展，第三方电子支付技术应运而生。它不仅具有担保功能，而且成本低廉、效率优良，解决了上述由于信息不对称引发的一系列问题，也因此成为电子商务中不可替代的环节。电子商务要求高度的时效性和便捷性，电子支付技术恰好可以应用不断发展的新技术满足这一需求，两者之间的关系也随着时代发展变得越发紧密。

在中国，第三方电子支付的发展成就了电子商务的发展，电子商务的发展又反作用于电子支付和非银行支付机构，成为其发展的强大助推力。同时，电子支付也在我国互联网金融领域体现出了基础性的作用。这一独特的良性循环现象在世界范围内也是极其罕见的，更重要的是，这一独特循环为我国金融科技（Fintech）创新领域的弯道超车创造了重要条件。在两者相辅相成、紧密依存的今天，我国电子商务要想真正健康良性发展，就必须对于电子商务中的电子支付进行进一步的规范。

二、电子支付用户的权利

（一）自主选择权

《电子商务法》第53条第1款规定，电子商务当事人可以对价款的支付方式进行约定，可以选择采用电子支付的方式。从上述规定可以看出，电子支付并不是唯一合法、可选的电子商务价款的给付方式，用户与商家可以自由约定具体的价款给付方法。实际上《电子商务法》第52条第4款中就有规定："快递物流服务提供者……可以……提供代收货款服务。"可见，快递代收货款等也是电子商务重要的价款给付措施。不过，电子商务法仍鼓励电子商务当事人使用电子支付作为结算方式，这也是电子商务法专门以五个条文对电子支付加以规定之缘由所在。

（二）知情权

根据《电子商务法》第53条第2款的规定，电子支付服务提供者在提供电子支付服务时，应当将电子支付服务的相应事项告知用户，这些事项包括电子支付服务的功能、使用方法、注意事项，也包括相关风险和收费标准等。上述条款是用户知情权的体现。知情权是用户的重要权利。当代网络服务的复杂化和专业化程度日益加强，用户仅凭日常生活常识和个人知识储备很难对电子支付服务产生全面的认识，对具体风险也难完全把握，因此用户享有充分的知情权尤为重要。实践中，屡次出现电子支付服务者利用复杂的协议条款或繁复的支付流程不公正、不公平对待用户的情况。有鉴于此，电子支付服务提供者应当遵守国家规定，以简明、清晰、明确的方式告知用户电子支付服务的功能、使用方法、注意事项、相关风险和收费标准等事项，并特别提示其中的关键权利义务事项以及可能存在的风险。

《电子商务法》第56条规定，电子支付服务提供者有义务在电子支付完成后，以约定方式向用户提供确认支付的信息，并保证信息的及时性和准确性。上述条款被视为对用户支付后的知情权进行保障的规定。在完成电子支付之后准确告知用户支付信息，有利于用户更好地掌握支付情况，及时发现不当支付，也为用户与电子支付服务提供者未来可能发生的纠纷保存证据。

（三）公平交易权

《电子商务法》第53条规定，电子支付服务提供者不得附加不合理的交易条件。这一规定设立的初衷是维持交易公平，防止出现市场主体滥用自身优势的情况。这些不合理的交易条件包括但不限于不正当的区别待遇、不公平阻碍、强迫购买、拒绝交易、不利的执行方式等。如果将视角聚焦到电子支付服务提供者的身上，此时不合理的交易条件至少包括：对用户使用其他电子支付服务提供者服务的行为进行不合理限制；不合理对电子支付服务进行定价，收取不当的手续费用、服务费用；不合理地限制用户使用现金、借记卡、信用卡等其他支付工具及方式；不合理地对用户提现加以限制；歧视性对待部分用户等。

（四）免费对账服务

《电子商务法》第53条第3款规定，电子支付服务提供者应当向用户免费提供对账服务以及最近三年的交易记录。当前电子支付的一个特点就是高频小额，再加上电子支付服务提供者无时无刻不在尝试创新支付服务，免密支付、指纹支付、“刷脸”支付等新的支付方式层出不穷，用户会遇到相当复杂的交易环境。对于用户来说，若要控制资金风险，详细的交易记录和对账信息无疑是必需的；若要谋求救济，确切的支付记录将起到重要作用。因此，电子支付服务提供者应当为用户对账提供便利，将每笔交易情况清晰、准确、及时地记录并呈现给消费者。上述材料采用何种形式提供，可以由电子支付服务提供者和用户自由合意约定。

三、电子支付指令

（一）电子支付指令自身的要求

1. 一般要求

在电子商务关系中，如果用户与电子支付服务提供者就某次特定的支付服务达成合意，那么电子支付指令必定是其中的一部分。①《电子商务法》第53条第2款明确规定，电子支付服务提供者应当确保电子支付指令的完整性、一致性、可跟踪稽核和不可篡改。此款规定承接了《电子支付指引（第一号）》《非金融机构支付服务管理办法》《关于促进互联网金融健康发展的指导意见》等文件的相关要求，符合数据安全和数据管理的一般性要求，亦符合反洗钱、反恐怖融资的一般性要求。

2. 特殊要求

首先，电子支付指令应当具有完整性，这要求指令应该保证对于用户意志的真实、完整地表达，并且实现识别用户身份的功能，对于用户与报文真实性可以进行有效甄别；指令应当保护机密信息不受侵犯，并且是确定不可抵赖的。② 其次，电子支付指令还具有一致性要求，即电子支付指令在支付服务流程的全过程中需要在物理和技术逻辑上都能够保持一致，从而保证支付指令最终可以被正确执行。再次，电子支付指令还需要符合可跟踪稽核的要求，即电子支付服务提供者应该依据电子商务法以及相关规定，建立用户身份识别、交易跟踪及记录的机制，从而适应反洗钱、反恐怖融资等监管需要。最后，电子支付指令还需要符合不可篡改要求，即电子支付服务提供者

① 此外，还应当包括用户与电子支付服务提供者就支付服务一般性事项达成的总体性的电子合同或纸质合同，以及其他相关的具有合同效力的意思表示。

② 参见《金融服务信息安全指南》（GB/T 27910—2011）。

需要建立完善的信息安全保障机制，保护电子支付指令免受内外部攻击或恶意行为的影响，不会在被执行前或执行后遭到篡改。

（二）用户应当履行的义务

《电子商务法》第55条、第57条规定，用户在发出支付指令前，应当核对支付指令所包含的金额、收款人等完整信息，同时用户应当妥善保管交易密码、电子签名数据等安全工具。用户发现安全工具遗失、被盗用或者未经授权支付的，应当及时通知电子支付服务提供者。之所以如此，是因为用户也应当在成本相较更低时负担一定范围内的责任。虽然用户总体在电子支付关系中处于劣势，但仍是电子支付法律关系中的主体，仍应适当承担相应的义务。

电子支付指令是电子支付合同的重要组成部分。作为合同当事人，用户应尽到相应的注意义务，审慎输入支付指令。如果因为用户原因导致错误支付，其应依法承担相应责任。支付安全正是因为有了支付安全工具才得到了重要保障。用户对于安全工具负有保管义务，并应当尽到妥善保管安全工具的注意；若发生安全风险，应当及时告知电子支付服务提供者。如未尽到相应义务导致损失发生，用户依法应承担一定的责任。但是，如果电子支付服务提供者证明用户对于电子支付服务存在不规范的使用，而用户又不能对此论点拿出充分证据进行反驳，此时应当认定，用户并未尽到自己所应负担的妥善保管密码等安全工具的义务。同时，应当明确，即使在此情况下，《电子商务法》第54条的规定为用户提供了法律依据——用户可以收集证据证明电子支付服务提供者在提供电子支付服务的时候未能遵守国家有关的支付安全管理要求，如果用户的证明被采信，电子支付服务提供者需要承担赔偿责任。但是，如果用户恶意利用安全工具实施违法行为，就需要对此承担民事责任甚至刑事责任。这一关于用户支付安全工具保管义务的规定，可以有效地从用户端保障支付安全，进一步减少用户欺诈等道德风险发生的可能，有利于电子支付行业持续健康发展。

四、电子支付安全保障

《电子商务法》第54条规定，电子支付服务提供者提供电子支付服务不符合国家有关支付安全管理要求，造成用户损失的，应当承担赔偿责任。此前，在这一规定之外，电子支付服务提供者所应遵循的支付安全管理要求已经由相关国际条约、法律及中国人民银行、中国银行保险监督管理委员会等部门出台的规章进行了一系列规定。电子支付服务提供者应当建立一个高效的风险管理团队、制度框架和风险控制措施以满足这些要求。

在技术对于金融市场进行变革之后，电子支付已经成为金融科技的重要组成部分，其风险也显露出很强的技术特征。如果电子支付服务提供者能够积极引入区块链、大数据、云计算、人工智能、生物识别等技术，必将提高风险的预警、应对与处置水平，这一行为应当鼓励。此外，应当将赔偿责任与安全管理要求挂钩，使其作为法律有形之手，促使电子支付服务提供者利用技术手段提供高效低成本的安全管理。如果电子支付服务提供者未按照国家有关支付安全管理要求开展业务，未尽到安全保障义务让用户遭受损失，电子支付服务提供者应当承担赔偿责任。这实际上为错误支付和未授权支付发生后的用户维权进一步加上一层保障，也即即使用户依据错误支付和未授权支付的规定不能或不能完全受偿，但若电子支付服务提供者未尽到支付安全保障义务，未达到国家有关支付安全管理要求，用户仍可根据《电子商务法》第 54 条的规定要求电子支付服务提供者赔偿损失。①

五、不当支付的法律后果

不当支付主要包括错误支付和未授权支付。

（一）错误支付

错误支付是指支付结果与用户支付意思不符，两者之间出现偏离或差错。出现错误支付的原因可能包括支付指令传输出错、支付指令重复发出、支付指令被重复执行、用户输入了错误的支付指令要素（如错误的收款人、收款账号、支付金额）。如果错误支付的情况发生，则应公平地配置用户与电子支付服务提供者之间的责任。电子商务法对于错误支付的归责采取了举证责

---

① 杨东，黄尹旭．《电子商务法》电子支付立法精神与条文适用［J］．苏州大学学报：哲学社会科学版，2019，40（1）：62—69，191.

任倒置的立场，在第 55 条中规定支付指令发生错误的，电子支付服务提供者应当及时查找原因，并采取相关措施予以纠正。造成用户损失的，电子支付服务提供者应当承担赔偿责任，但能够证明支付错误非自身原因造成的除外。这一规定意味着，在错误支付的情形中，用户只需要证明错误支付的情况发生即可；电子支付服务提供者若要免责，必须证明支付错误与非己方行为具有因果关系。

（二）未授权支付

未授权支付是指用户未曾以约定的方式作出授权之时，用户之外的其他主体发出了支付指令，最终造成用户账户资金的减少或者用户信用额度的被占用。换言之，“未授权支付”本质上就是没有得到用户实质同意的支付。电子商务法对于未授权支付采取了严格责任的立场，在第 57 条中规定未经授权的支付造成的损失，由电子支付服务提供者承担；电子支付服务提供者能够证明未经授权的支付是因用户的过错造成的，不承担责任。这一规定意味着未授权支付的情形中，侵权责任和合同责任两者存在竞合。① 出于体系化考虑，在我国合同法基本确立了以严格责任为主的归责原则的情况下，②《电子商务法》第 57 条亦将未授权支付的归责原则规定为严格责任，并以“用户过错造成非授权支付”作为电子支付服务提供者免责事由。这一理念与合同法是统一的。

不当支付的责任承担方式一定程度上有利于用户，这是考虑到了用户相对弱势的地位，经济法一般性的公平原则要求。同时，主流电子支付服务提供者已经推出多项措施维护用户支付安全，如支付宝推出的“支付宝账户安全险”，微信推出的“支付环节保镖”等。这一现象表明，电子支付服务提供者负有保障用户资金安全的主要义务，亦可以通过保障用户资金安全取得关键竞争力。电子商务法对不当支付的相关规范，将使得银行在提供电子支付服务过程中负担的义务和非银行机构在提供电子支付服务过程中负担的义务进一步统一，引导市场进一步规范、有序、健康发展。同时，电子商务法

---

① 王承堂．伪卡交易损失的分配原理［J］．法学家，2018（5）：131—143，195.

② 王利明．合同法研究：第二卷［M］．北京：中国人民大学出版社，2015：431.

对不当支付的相关规范也可以对于用户的资金安全权利进行再度声明，对于电子支付服务提供者的安全保障义务进行再度强调，以期电子支付服务提供者进一步提高技术水平，减少不当支付事件的发生。技术创新往往是避免风险最廉价的方式，让最有能力创新的电子支付服务提供者承担较多的法律责任，有利于促进其推动技术进步，进而降低社会的整体避险成本。

第五章 电子商务消费者保护

第一节 电子商务消费者知情权

一、电子商务消费者知情权的概念和特征

（一）电子商务消费者知情权的概念

消费者的知情权是指消费者享有知悉其购买、使用的商品或者接受的服务的真实情况的权利。知情权是一项基础性权利，全面、真实、准确的知悉商品或服务的信息，是消费者进行理性判断、合理选择的前提。《中华人民共和国消费者权益保护法》（以下简称《消费者权益保护法》）第 8 条对知情权作了明确规定："消费者享有知悉其购买、使用的商品或者接受的服务的真实情况的权利。消费者有权根据商品或者服务的不同情况，要求经营者提供商品的价格、产地、生产者、用途、性能、规格、等级、主要成份、生产日期、有效期限、检验合格证明、使用方法说明书、售后服务，或者服务的内容、规格、费用等有关情况。"该法第 28 条还规定："采用网络、电视、电话、邮购等方式提供商品或者服务的经营者，以及提供证券、保险、银行等金融服务的经营者，应当向消费者提供经营地址、联系方式、商品或者服务的数量和质量、价款或者费用、履行期限和方式、安全注意事项和风险警示、售后服务、民事责任等信息。"

综上，电子商务活动中，消费者有权根据商品或者服务的不同

情况，要求经营者提供经营地址、联系方式，提供商品的价格、产地、生产者、用途、性能、规格、等级、主要成分、生产日期、有效期限、检验合格证明、使用方法说明书、履行期限和方式、安全注意事项和风险警示、售后服务、民事责任，或者服务的内容、规格、费用、履行期限和方式、安全注意事项和风险警示、售后服务、民事责任等有关情况，以及支付方式、交付方式、物流方式、是否适用“七日无理由退货”的规定等方面信息。

（二）电子商务消费者知情权的特征

在电子商务环境中，由于经营者和消费者之间信息不对称的程度远远高于线下，知情权的内涵应当进一步深化，并呈现出不同于线下交易的特征。

1. 知情方式从“互动型”趋向于“单向型”

线下交易中，消费者行使知情权的方式主要是通过与经营者互动交流的方式，了解商品或服务的信息。消费者，一方面，通过现场直接的观察，认识和了解商品或服务的基本情况；另一方面，针对自己关心的部分，可以通过提问的方式，现场向经营者重点咨询了解。因此，线下交易中消费者行使知情权的方式可以称为“互动式”。

在电子商务活动中，经营者通过在网络店铺展示其所提供的商品或服务。如何介绍商品或服务、介绍到什么程度、介绍哪些方面，主动权均掌握在经营者手中，消费者往往被动地接受经营者所提供的商品或服务的信息。因此，电子商务中消费者行使知情权的方式，可以称为“单向型”。需要指出的是，电子商务中的“单向型”并非绝对，只是越来越趋于“单向型”，消费者固然针对一件具体的商品或者服务向经营者进行逐个问题咨询了解。但是，随着电子商务的发展，经营者之间竞争不断加大，越来越多的经营者主动提供更多的信息，以便吸引更多的消费者，消费者也在逐步降低沟通成本，越来越依赖经营者所提供的信息作出购买与否的判断，因此，知情权的行使越来越趋于“单向型”。

2. 知情范围从“知商品（或服务）”扩展到“知交易”

根据消费者权益保护法的规定，线下交易中消费者知情权的知情范围一般是“商品的价格、产地、生产者、用途、性能、规格、等级、主要成分、生产日期、有效期限、检验合格证明、使用方法说明书、售后服务，或者服务的内容、规格、费用等有关情况”。这主要是消费者对于“商品或服务”的知情，简称“知商品（或服务）”。电子商务环境中产生了一些新问题，消费者不仅有“知商品（或服务）”的迫切需求，同时注重对电子商务交易本身的关注，如电子合同、电子支付、快递物流、交易保障、“七日无理由退货”等涉及交易方面的信息，主要是消费者对交易本身的知情，简称“知交易”。

3. 知情标准从“真实”深化为“全面、真实、准确、及时”

《消费者权益保护法》第8条对于消费者知情权的规定，强调的是“真实”，《电子商务法》第17条对于消费者知情权的规定，强调的是“全面、真实、准确、及时”，这是结合电子商务的特殊交易环境，对于知情提出了更高的标准。众所周知，电子商务交易双方一般不面对面交流，消费者只通过经营者提供的信息作出消费判断。因此，随着电子商务的发展，出现了虚假或者引人误解的商业宣传欺骗、误导消费者的情形，消费者的鉴真成本太高，必须提高经营者的义务，即要求经营者“全面、真实、准确、及时”提供商品或服务的信息。

二、电子商务中侵犯消费者知情权的主要形式

电子商务中侵犯消费者知情权的情形出现了不同于线下交易的新特点，主要表现为未按照“全面、真实、准确、及时”的要求披露商品或服务信息；以虚构交易、编造用户评价等方式进行虚假或者引人误解的商业宣传，欺骗、误导消费者；平台经营者自营业务和平台内经营者业务标记不明，误导消费者等情形。

（一）未按照“全面、真实、准确、及时”的要求披露商品或服务信息

这是最基本的侵犯消费者知情权的方式。前已述及，电子商务中，经营者对于商品或服务的信息披露承担着较线下交易中更高的义务。“全面”是指经营者应当对于商品或服务的所有信息向消费者披露，不得有所保留。“真实”是指经营者要客观、如实地披露商品或服务的信息，不得歪曲、虚

假或者引人误解。“准确”是指对于商品或服务的描述要用语精准、确切，不得夸大其词或含糊其辞，造成消费者误解。“及时”是指经营者对于商品或服务的信息披露要第一时间全部披露并保持第一时间更新，不得使用不完整信息或陈旧信息造成消费者误解。实践中，经营者不按照“全面、真实、准确、及时”的要求对商品或服务的信息进行披露的情形较为常见，许多纠纷也因此产生，对其进行规范，意义重大。

（二）以虚构交易、编造用户评价等方式进行虚假宣传或者引人误解的商业宣传

“虚构交易”俗称“刷销量”或者“网络刷单”，是指电子商务活动参与方本无真实交易之目的，经过事前串通，订立了双方并不需要真正履行的电子商务合同，经营者以此达到增加销量、提高信誉等级、提升排名等目的。“编造用户评价”俗称“刷好评”，是指没有交易事实或者违背事实作出用户评价，包括故意虚构事实，歪曲事实等作出的好评或者负面评价等不真实评价。

“虚构交易”“编造用户评价”均是电子商务环境中出现的新生事物。电子商务活动中，消费者对于经营者处于“素未谋面”的状态，往往通过参考前期交易量、用户好评率等要素来对网络店铺和商品或者服务作出判断；因此，出现了电子商务经营者通过虚构交易、编造用户评价等方式，来进行虚假宣传或者引人误解的商业宣传，一方面达到提升经营者在电子商务平台中的排名，增加曝光率的目的，另一方面达到增强消费者的信心，提升成交概率，进一步扩大市场占有率的目的。

（三）自营业务与平台内经营者业务标记不明

电子商务发展到今天，电子商务平台上的主体呈现出多元化的特点，已经不能像早期简单分为平台服务提供者、自营平台经营者、平台内经营者，现在的电子商务平台往往是混合式的，平台服务提供者搭建电子商务交易平台，吸引大量经营者入驻平台，成为平台内经营者，同时平台服务提供者还不仅限于做平台，通常还开展自营业务，这两种交易模式存在本质的区别。电子商务平台上主体的多样性，经常导致消费者混淆交易主体，弄不清楚自

己购买的是平台自营的商品或服务，还是平台内经营者的商品或服务，甚至出现很多基于平台信任而购买商品或服务，最后发现经营者却是平台内第三方经营者，一旦发生纠纷，消费者维权可能找不准责任主体。因此，平台经营者对于自营业务和平台内经营者业务标记不明，会对消费者造成误导，侵犯消费者的知情权。

三、电子商务法对于消费者知情权的保护

（一）对于商品或服务信息披露的要求

《电子商务法》第17条规定："电子商务经营者应当全面、真实、准确、及时地披露商品或者服务信息，保障消费者的知情权和选择权。电子商务经营者不得以虚构交易、编造用户评价等方式进行虚假或者引人误解的商业宣传，欺骗、误导消费者。"该法第85条规定了实施虚假或者引人误解的商业宣传法律责任的适用需要援引相关法律的规定："电子商务经营者违反本法规定，销售的商品或者提供的服务不符合保障人身、财产安全的要求，实施虚假或者引人误解的商业宣传等不正当竞争行为，滥用市场支配地位，或者实施侵犯知识产权、侵害消费者权益等行为的，依照有关法律的规定处罚。"

实施虚假或者引人误解的商业宣传的法律责任，具体可以援引以下几类法律法规的规定。

《中华人民共和国反不正当竞争法》第20条规定："经营者违反本法第八条规定对其商品作虚假或者引人误解的商业宣传，或者通过组织虚假交易等方式帮助其他经营者进行虚假或者引人误解的商业宣传的，由监督检查部门责令停止违法行为，处二十万元以上一百万元以下的罚款；情节严重的，处一百万元以上二百万元以下的罚款，可以吊销营业执照。经营者违反本法第八条规定，属于发布虚假广告的，依照《中华人民共和国广告法》的规定处罚。"

《消费者权益保护法》第56条第1款规定："经营者有下列情形之一，除承担相应的民事责任外，其他有关法律、法规对处罚机关和处罚方式有规定的，依照法律、法规的规定执行；法律、法规未作规定的，由工商行政管

理部门或者其他有关行政部门责令改正，可以根据情节单处或者并处警告、没收违法所得、处以违法所得一倍以上十倍以下的罚款，没有违法所得的，处以五十万元以下的罚款；情节严重的，责令停业整顿、吊销营业执照：……（六）对商品或者服务作虚假或者引人误解的宣传的；……”

《中华人民共和国广告法》（以下简称《广告法》）第55条规定：“违反本法规定，发布虚假广告的，由市场监督管理部门责令停止发布广告，责令广告主在相应范围内消除影响，处广告费用三倍以上五倍以下的罚款，广告费用无法计算或者明显偏低的，处二十万元以上一百万元以下的罚款；两年内有三次以上违法行为或者有其他严重情节的，处广告费用五倍以上十倍以下的罚款，广告费用无法计算或者明显偏低的，处一百万元以上二百万元以下的罚款，可以吊销营业执照，并由广告审查机关撤销广告审查批准文件、一年内不受理其广告审查申请。医疗机构有前款规定违法行为，情节严重的，除由市场监督管理部门依照本法处罚外，卫生行政部门可以吊销诊疗科目或者吊销医疗机构执业许可证。广告经营者、广告发布者明知或者应知广告虚假仍设计、制作、代理、发布的，由市场监督管理部门没收广告费用，并处广告费用三倍以上五倍以下的罚款，广告费用无法计算或者明显偏低的，处二十万元以上一百万元以下的罚款；两年内有三次以上违法行为或者有其他严重情节的，处广告费用五倍以上十倍以下的罚款，广告费用无法计算或者明显偏低的，处一百万元以上二百万元以下的罚款，并可以由有关部门暂停广告发布业务、吊销营业执照、吊销广告发布登记证件。广告主、广告经营者、广告发布者有本条第一款、第三款规定行为，构成犯罪的，依法追究刑事责任。”

《中华人民共和国刑法》（以下简称《刑法》）第222条规定了“虚假广告罪”，发布虚假广告构成犯罪的，适用刑法规定处罚。

（二）对于平台自营业务与平台内经营者业务标记的要求

《电子商务法》第37条对标记做了规定：“电子商务平台经营者在其平台上开展自营业务的，应当以显著方式区分标记自营业务和平台内经营者开展的业务，不得误导消费者。电子商务平台经营者对其标记为自营的业务依法承担商品销售者或者服务提供者的民事责任。”该法第 81 条第 1 款对于法律责任做了规定，“电子商务平台经营者违反本法规定，有下列行为之一的，由市场监督管理部门责令限期改正，可以处二万元以上十万元以下的罚款；情节严重的，处十万元以上五十万元以下的罚款：……（三）未以显著方式区分标记自营业务和平台内经营者开展的业务的；……”

第二节 电子商务消费者选择权

一、电子商务消费者选择权的概念和特征

（一）消费者选择权的概念

消费者的选择权是指消费者根据自己的意愿自主地选择商品或服务的权利。《消费者权益保护法》第 9 条对选择权作了明确规定：“消费者享有自主选择商品或者服务的权利。消费者有权自主选择提供商品或者服务的经营者，自主选择商品品种或者服务方式，自主决定购买或者不购买任何一种商品、接受或者不接受任何一项服务。消费者在自主选择商品或者服务时，有权进行比较、鉴别和挑选。”

（二）电子商务消费者选择权的特征

1. 实现空间得到扩展

电子商务让消费者足不出户便可阅尽天下商品或服务，一举解决了在现实社会中囿于空间和时间限制的问题。在线下交易中，消费者想要“货比三家”进行选择，仅能在有限的范围内实现，甚至通常仅能在消费者居住的附近街区实现，一般最多扩大至消费者居住的城市内实现，其选择的广度和深度均有较大的局限。电子商务的空间范围首先扩大至全国范围，随着“全球购”“海淘”等的出现，这个空间范围更是扩展至全球范围。

现实社会中，消费者即使想要在居住的街区有效实现“货比三家”的选择权，可能都需要耗费很长时间去寻找、筛选，甚至“跑断腿”还可能找不

到想要选择的商品或服务；而电子商务活动中，选择商品或者服务的时间被大大节约了，仅需要一个关键词搜索，消费者想要购买的商品或服务，全国乃至全球的经营者同时呈现在眼前，供消费者进行比较、鉴别和挑选。可以说，电子商务为消费者选择权的实现提供了更大的施展舞台，消费者的选择权因电子商务而得到更大的实现空间。

2. 对技术依赖程度变高

电子商务为消费者选择权的实现提供了更大的空间，这依赖于信息技术搭建的电子商务平台。信息技术不仅是电子商务平台的支撑，更是为消费者进行商品或服务选择过程中的搜索提供重要支撑，以至消费者在电子商务中选择权的实现对于技术依赖程度变高。线下消费者购买商品或服务，结合生活所在地的“口碑”或者经验积累选择经营者，“眼见为实”地挑选商品或服务，一切都在消费者的“掌控”范围内。在网络空间中进行的电子商务，搜索技术就是消费者的“手”和“眼”，帮助消费者从电子商务平台上浩如烟海的商品或服务中筛选出所需要的商品或服务，消费者基于搜索结果再进行比较、鉴别和挑选。因此，电子商务中消费者选择权的实现对于技术的依赖程度变高。

3. 从“主动”趋于“被动”

消费者选择权又称为自主选择权，是一种积极、主动行使的权利。消费者根据自己的需求，自主地选择提供商品或服务的经营者，自主选择商品品种和服务方式，自主地选择此商品、服务或彼商品、服务。在电子商务平台中，消费者虽然积极主动的行使选择权，但是随着电子商务与大数据技术的发展，电子商务平台结合大数据技术开始为消费者提供个性化服务，出现“千屏千面”的现象，意即每位消费者在自己的计算机或智能终端看到的电子商务平台都是独一无二的，都是电子商务平台利用大数据算法，结合消费者的兴趣、爱好而推荐的商品或服务。科技为消费者购买商品或服务节省了大量的时间和精力，消费者越来越多地享受平台推荐带来的便利，对平台的依赖也越来越强，逐步“沦陷”为相对“被动”的选择。

二、电子商务中侵犯消费者选择权的主要形式

（一）电子商务经营者违法提供搜索结果

由于消费者对于搜索技术的依赖程度越来越高，电子商务平台开始结合消费者的兴趣、爱好为消费者推荐商品或服务，即定向推送。定向推送在给消费者带来便利的同时，也给消费者带来困扰，甚至出现“大数据杀熟”等侵犯消费者权利的现象。电子商务平台利用收集的数据，为消费者进行用户画像，以便准确地分析出消费者的兴趣爱好和消费习惯等，在此基础上，一方面为消费者提供定制化的精准搜索结果，另一方面为消费者提供精准的广告投放，进行精准营销，大大节约了营销成本，提高了成交概率。与此而来的，是对消费者知情权、选择权、个人信息权、隐私权等权利造成了困扰，甚至是侵害。

（二）电子商务经营者违法搭售商品、服务

近年来，电子商务交易中出现了较为典型的搭售行为，通过较为隐秘的方式让消费者为搭售的商品或服务买单。例如，通过电子商务平台订购机票或者火车票时，平台会员、保险、加速抢票、贵宾休息室、接送机等服务以及其隐藏的方式呈现在订票界面，作为默认同意勾选的选项，让消费者不知不觉中为并不需要的商品或服务进行支付，这构成了搭售行为，对消费者的自主选择权造成了侵害。

（三）竞价排名对消费者选择造成误导

竞价排名机制已经成为电子商务平台经营者的重要盈利模式。竞价排名机制在为企业和商品带来流量和关注度的同时，也给消费者带来巨大的困扰，特别是竞价排名机制被广泛用于电子商务平台之后，这样人为对搜索结果的干扰，极大地引导了消费者对商品或服务的选择，甚至误导消费者对商品或服务品牌影响力的认知，对消费者的选择权造成最直接的冲击。

三、电子商务法对于选择权的保护

（一）基于知情权保障选择权

《电子商务法》第 17 条明确规定，电子商务经营者应当全面、真实、

准确、及时地披露商品或者服务信息，保障消费者的知情权和选择权。知情权是选择权的基础，本章第一节已经全面介绍了我国电子商务法对于电子商务中知情权的特别保护，为电子商务中消费者实施选择权奠定了良好的基础。

（二）规制精准营销

《电子商务法》第 18 条第 1 款针对搜索结果精准营销进行了规制，电子商务经营者根据消费者的兴趣爱好、消费习惯等特征向其提供商品或者服务的搜索结果的，应当同时向该消费者提供不针对其个人特征的选项，尊重和平等保护消费者合法权益。《电子商务法》第 77 条对法律责任进行了规定，“电子商务经营者违反本法第十八条第一款规定提供搜索结果，……由市场监督管理部门责令限期改正，没收违法所得，可以并处五万元以上二十万元以下的罚款；情节严重的，并处二十万元以上五十万元以下的罚款”。

“大数据杀熟”等现象的出现，将结合消费者兴趣、爱好和消费习惯进行精准推荐这一技术的“恶”体现了出来，消费者在电子商务平台上能看到的商品或服务受到了限制，对消费者的知情权和选择权均带来巨大冲击。因此，《电子商务法》第 18 条第 1 款要求电子商务平台经营者对于消费者搜索结果“应当同时向该消费者提供不针对其个人特征的选项”，确保了消费者能够自主地知情并进行选择。

（三）禁止默认搭售

《电子商务法》第 19 条规定：“电子商务经营者搭售商品或者服务，应当以显著方式提请消费者注意，不得将搭售商品或者服务作为默认同意的选项。”该法第 77 条对法律责任进行了规定，“电子商务经营者……违反本法第十九条规定搭售商品、服务的，由市场监督管理部门责令限期改正，没收违法所得，可以并处五万元以上二十万元以下的罚款；情节严重的，并处二十万元以上五十万元以下的罚款”。

为了避免电子商务平台进行“默认搭售”，《电子商务法》第 19 条从正反两个角度作出了要求：一方面，要求电子商务经营者搭售商品或者服务，应当以显著方式提请消费者注意，这是保障消费者的知情权；另一方面，要求不得将搭售商品或者服务作为默认同意的选项，这是保障消费者的选择权。通过正反两个角度合力保障消费者的基本权益。

（四）竞价排名广告标注义务

《电子商务法》第40条明确了搜索结果的排名方式，并明确竞价排名的“广告”标注义务。该条规定：“电子商务平台经营者应当根据商品或者服务的价格、销量、信用等以多种方式向消费者显示商品或者服务的搜索结果；对于竞价排名的商品或者服务，应当显著标明‘广告’”。该法第81条第2款规定了法律责任：“电子商务平台经营者违反本法第四十条规定，对竞价排名的商品或者服务未显著标明‘广告’的，依照《中华人民共和国广告法》的规定处罚。”《广告法》第59条第3款规定了未显著标明“广告”应承担的法律责任：“广告违反本法第十四条规定，不具有可识别性的，……由市场监督管理部门责令改正，对广告发布者处十万元以下的罚款。”

《电子商务法》第40条明确了搜索结果的排名方式包括价格、销量、信用等，并未“一刀切”地禁止“竞价排名”，而是不能一味竞价排名，必须有多种方式来显示搜索结果，以便消费者足够知情，并作出正确的自主选择。但是几种搜索方式中含有竞价排名的方式，则必须尽到显著标明“广告”的义务。

第三节　电子商务消费者反悔权

一、消费者反悔权的概念

作为电子商务法与消费者权益保护法的重要制度衔接，消费者反悔权一直是现代电子商务领域的一种非常核心的消费者权利，是倾斜性保护消费者合法正当权益的重要法律工具。对反悔权的制度名称，各国规定亦不尽统一，英、美等普通法系国家多被称为“冷静期”或“冷却期”制度，而德、日等大陆法系国家则多称之为“撤回权”,[1] 虽然国内外对消费者反悔权的称谓不尽相同，但是其保护处于弱势的消费者的法律理念是一致的。

2013 年 10 月，我国第二次修正的消费者权益保护法正式将消费者反悔权制度确定为电子商务等非传统面对面交易领域的法定权利。具体而言，我国消费者的反悔权是指经营者采用网络、电视、电话、邮购以及上门推销等方式销售商品，消费者在实际履行了合同之后的“冷静期”内，对完好的商品享有的无须说明理由即可予以退货的合同解除权。[2]

二、消费者反悔权的特征

从电子商务领域消费者反悔权的制度内涵出发，消费者反悔权的权利主体、适用范围和行使方式等诸多方面都具有特殊性，具体表现在以下几个方面。

（一）权利单方法定性

基于消费者反悔权的制度出发点实为出于对弱势地位的消费者予以倾向性保护，消费者反悔权为赋予消费者的单方权利，经营者无权主张享有。不论是我国《消费者权益保护法》第 25 条所规定的后悔权，抑或是国外的“冷静期”制度，其权利自身必须经由法律直接规定而来，其权利内容无法取决于消费者与经营者双方的约定，并且该项权利的行使期限亦必须在法律规定的期限内，否则消费者的反悔权则自动丧失。

（二）权利行使无因性

消费者反悔权的无因性，即为消费者反悔权的行使，只要符合该项权利实施时限及内容的法律规定，则无须说明其解除交易合同的理由，亦无须通过其他第三方途径即可直接主张无条件退货，终止履行，甚至取消合同。与此同时，经营者亦不得予以无理由拒绝，应积极配合消费者行使其权利。

---

① 鞠晔．论冷静期制度在消费者权益保护领域的构建［J］．北京交通大学学报：社会科学版，2012，11（1）：121—126.

② 杨立新．非传统销售方式购买商品的消费者反悔权及其适用［J］．法学，2014（2）：30—38.

（三）权利后果无偿性

基于消费者后悔权的权利初衷实为救济消费者意思形成之障碍[1]，与一般的合同解除权或者合同取消权性质不同，消费者行使反悔权而致使合同被取消，亦无须承担交易终止、合同解除的法律责任。正如其行使无须条件，其行使后果亦无须予以权利补偿，其只需符合法律规定的保证商品完好或者符合其他约定的情况下，将商品顺利退回即可。待到经营者准确收到所退商品后，及时将所退商品货款退回，此时双方权利义务即宣告终止。

三、消费者反悔权的具体适用

我国消费者反悔权的主要制度依据为《消费者权益保护法》第 25 条，其并未直接明文使用“消费者反悔权”这一权利表述，而是赋予消费者七日无理由退货的权利以达到“消费者反悔权”的法律效果。其内容主要涉及七日无理由退货权、消费者无理由退货的例外规定以及有关退货条件、退款期限和成本负担的规定。

（一）七日无理由退货权

《消费者权益保护法》第 25 条第 1 款规定了一般性网络购物中适用消费者后悔权的情形：如果经营者与消费者的商品交易行为是通过电子商务等非传统销售方式而实施的，消费者有权选择自收到商品之日起七日内的时间里退货，并且此种退货可以没有任何原因。“自收到商品之日起七日内”亦可视为是让消费者缓冲和冷静的合理期限，该期限综合考量了消费者合法权益和经营者的经营成本的现实利益平衡，有利于“保证公平、兼顾效率”倾斜性保护目标的实现。

（二）消费者无理由退货的例外规定

根据《消费者权益保护法》第 25 条的规定，消费者购买的以下商品不享有七天无理由、无条件退货的后悔权：（1）消费者定作的商品。因为此类商品需耗费特殊时间精力制作，制作成本较高，且退货后经营者难以销售给

① 王洪亮. 消费者撤回权的正当性基础［J］. 法学，2010（12）：96—107.

其他人；（2）鲜活易腐的商品。因为此类商品保质期较短不易保质存管，退回有违公平交易原则；（3）在线下载或者消费者拆封的音像制品、计算机软件等数字化商品。因为消费者在线下载或者已经拆封的数字化商品，在消费者退货后存在消费者不彻底删除或者销毁数字化商品的可能，无法像实物商品一样能够完全归还给销售者；（4）交付的报纸、期刊。此为该类商品使用的特殊方式所决定。除前述已列举的商品外，其他根据商品性质，并且消费者在购买时经确认，认为且同意该商品为不宜退货的商品的，亦不适用无理由退货。

（三）有关退货条件、退款期限和成本负担的规定

消费者权益保护法赋予了消费者限定日期无理由退货权利，但为防止此种权力的无序扩张，亦于《消费者权益保护法》第25条第3款规定了消费者有关退货商品条件、退款期限及成本负担等无理由退货的适用及限制条件。具体而言：（1）消费者申请退货的商品应当保持完好，也即消费者行使后悔权的前提条件是保持商品的完好性；（2）经营者应当自收到退回商品之日起七日内返还消费者支付的商品价款；（3）就行使后悔权的运费分担，一般情形下由消费者承担退回商品的运费，如消费者与经营者两者有约定，则依照约定。

第四节　电子商务消费者监督权与信用评价制度

一、电子商务信用评价制度概述

电子商务信用评价体系建设，一直是我国电子商务信用管理及信息监督体系完善的关键环节，其主要指的是各大电子商务平台经营者依据自身平台经营特性，针对平台内经营者的经营活动所进行信用评分体系，其关涉的主

体多为电子商务平台经营者、平台内经营者及消费者。[①] 虽然消费者信用评价权益与《消费者权益保护法》第 15 条所规定的消费者监督权益并非完全等同，但基于平台内经营者的平台信用及之前用户评价对于消费者购买决策存在的重大影响，其背后所体现的消费者知情权与监督权的制度价值尊重亦得以显现。

二、电子商务信用评价制度的理解与适用

《电子商务法》第 39 条立足制度建立依据与运行维护规则的双重视角，就信用评价制度进行了具体的立法规定。

（一）制度建立依据

《电子商务法》第 39 条第 1 款为关于电子商务平台经营者建立信用评价体系方面的要求，该款规定："电子商务平台经营者应当建立健全信用评价制度，公示信用评价规则，为消费者提供对平台内销售的商品或者提供的服务进行评价的途径。"具体而言，该款对电子商务信用评价制度提出以下要求。

1. 电子商务平台经营者应建立健全信用评价体系

此可具体细化为建立与健全的双向要求，对于平台经营者的相关行为起着积极引导功能。一是平台经营者若已经建立相关信用评价体系，则需以该款为指引查漏补缺，就可能存在的缺陷问题进行补充完善，保障制度的科学合理及健全运行；二是平台经营者若尚未建立相关信用评价体系，则需依照该款要求尽快建立相应信用评价制度。

2. 电子商务平台经营者应公示信用评价规则

具体而言应从公示内容与公示形式层面加以细化。在公示内容层面，即对平台经营者如何设立相应的评价标准、对相关的事项如何赋值，如何确保信用评价体系客观、公正和合理进行规定。而在公示形式层面，为便于相关主体阅读及查询，要求平台经营者应在平台显著位置对相关信用评价制度进

---

① 王梦迪．电子商务平台信用评价体系的完善：《电子商务法》第三十九条、第七十条的解读［J］．人民法治，2018（20）：28—31.

行公示，以便平台内经营者及消费者可以较为便捷显著地知悉规则的相关内容。

3. 电子商务平台经营者应在所建立的信用评价制度中，为消费者和用户提供对平台内销售的商品或者提供的服务进行评价的途径

消费者正当有效的评价，一是平台内经营者的信用评级的重要参考因素和基础数据来源，因为电子商务交易多存在经营者与消费者间的信息不对称现象，前述用户评价对后续潜在消费者而言具有相当重要的参考作用；二是消费者对于平台经营者及平台内经营者行使监督权的体现，消费者的正当有效评价客观上有利于揭露经营者的违法违规行为，起着重要的市场监督与诚信督促作用。

（二）运行维护规则

《电子商务法》第 39 条第 2 款为关于电子商务平台经营者建立运行维护规则方面的要求，该款规定："电子商务平台经营者不得删除消费者对其平台内销售的商品或者提供的服务的评价。"该款并不意味着经营者不得对消费者的所有评价进行删除，而是包含了相应的评价选择要求，就其具体内涵，可从体系解释与目的解释的双重进路展开。

1. 从体系解释而言，该款是对前述第 1 款具体制度落实的补充说明，以强制性规定的形式保障消费者的评价能够发挥正确作用

一是消费者评价于发布之前需经平台经营者审核，排除依照法律、行政法规属于禁止发布或传输的信息；二是平台经营者不得违反禁反言原则，无正当事由不得删除已通过审核的正当消费者评价，若有正当事由需删除，亦应当依照平台的记录保存规则存留相应信息，便于后续在必要时查询。

2. 从目的解释而言，该款的立法目的考量主要围绕保障消费者知情权与监督权展开

立足消费者知情权，禁止平台经营者无正当理由删除消费者评价，是为了保障消费者评价对于后续潜在消费者的正确指引与参考作用的发挥，确保后续消费者能够通过前述评论对平台内经营者的商品及服务质量有着更为准

确的标准参考；[①] 立足消费者监督权，消费者评价对于平台内经营者的经营商誉而言将会产生巨大影响，[②] 经营者为避免消费者的负面评价，在无法通过平台内技术手段删除该评价的情况下，亦会督促平台及平台内经营者诚信经营，维护自身良好商誉。

三、我国电子商务信用评价存在的问题及其完善建议

（一）存在问题

电子商务产业经过多年的飞速发展，我国现有的电子商务信用评价体系已然日趋完善，但基于平台及平台经营者现实经营能力的良莠不齐的现实，以信用评价指标规则设置不合理、平台经营者评价删除权限过大及平台信用评价体系独立繁杂为关键显征的制度问题亦依然严峻。具体表现在以下几个方面。

1. 信用评价指标规则设置不尽合理

基于现有主要电子商务平台的信用评价体系分析，其平台内经营者信用评分多以月销量及好评率作为核心指标，而对于平台内经营者的销售金额及商品质量仍不甚关注，由此引发了为追求高销量与高好评率的平台刷单行为，甚至恶意差评行为仍屡禁不止，[③] 既加重了平台内经营者不必要的商业成本支出，又致使欺诈消费者的潜在可能陡增。与此同时，从规则公示角度而言，现有电子商务平台信用评价规则的公示显著性均有待提高，其规则检索多置于页面底端或是需进行特殊的规则搜索，不利于消费者及时便捷查询。

2. 平台经营者评价删除权限过大

目前，电子商务平台信用评价删除可由主体划分为消费者自主删除与平台经营者筛选删除，消费者多可自由行使自主删除权利，而平台经营者的筛选删除虽有相应规则引导，但所制定的规则多宽泛且难以准确界定，何种信

---

① 王林，曲如杰，赵杨. 基于评论信息的网购情景线索类型及其作用机制研究［J］. 管理评论，2015，27（4）：156—166.

② 姜锦虎，陈智武，任杰锋. C2C 环境下感知信誉对购买意愿影响的实证研究［J］. 软科学，2011，25（6）：130—134.

③ 应飞虎. 消费者评价制度研究［J］. 政法论丛，2018（1）：111—123.

用评价可删除、删除信用评价又是否应当通知消费者以及消费者是否被赋予申诉权利，上述问题的决定权目前均置于平台经营者手中，由此引致平台经营者删除权权限过大的隐忧已然显现。

3. 平台信用评价体系独立繁杂

目前，我国各主要电子商务平台均根据自身经营特性设置了不同的信用评价规则，但各平台的信息评价标准差异较大，亦无平台间线上或线下的信息共享，引致我国整体电子商务网络平台的信用评价规则多处于“信息孤岛”状态，平台信用评价规则各成体系且众多繁杂，且缺乏统一基础规则的指引及第三方机构的监督，由此电子商务平台信用评价规则内外形成基础乏力即成为效力症结所在。

（二）完善建议

基于上述法条制度内涵解读及现实规则问题分析，我国电子商务信用评价体系的推进应着重从健全评价规则设置及公示流程、合理规范平台的评价删除权范围及加快引入第三方评价机制三重维度进行统合治理。

1. 健全评价规则设置及公示流程

针对现有电子商务平台信用评价指标多以月销量及好评率为主的制度现状，就新信用评价规则的设置可引入如历史信誉、销售金额及开业时间等多重制度量化标准，以充盈细化现有信用评价指标的全面性与代表性。[①] 并且，强化平台信用评价规则的公示显著性，采用消费者能够合理关注与便捷获取为双重显著标准，指引后续规则公示的完善进路。

2. 合理规范平台评价删除权范围

合理规范平台评价删除权范围应从删除内容及删除方式上协调推进，就删除内容而言，应着重强化评价发布前内容审核标准的制定与细化，融合后续评价信息跟进审查，并针对刷单好评行为和恶意差评行为进行专门整治，以维护平台内市场竞争环境的公正有序。就删除方式而言，应当及时通知消费者，并就删除评价信息进行合理存管，以充分保障消费者的信息知情权益。

---

① 苏为华，侯绍慧．面向消费者的电子商务企业信用评价指标体系研究［J］．统计科学与实践，2015（6）：4—7.

3. 加快引入第三方评价机制

《电子商务法》第70条规定，国家支持依法设立的信用评价机构开展电子商务信用评价。权威公正第三方信用评价机构的建立无疑能够有效提升我国电子商务领域信用评价公信水平，切实强化消费者评价监督效能，为此可加快传统信用评级机构向电子商务评价业务领域的标准服务扩展，并着力整合电子商务平台数据流动，以政府主导、行业自律及市场参与等三方协力，共同尝试构建统一电子商务信用评价平台，以营造良好的电子商务信用监督生态。

第六章　电子商务个人信息保护

第一节　个人信息界定

准确把握个人信息的内涵和外延，是执法、司法以及企业合规的前提。个人信息的内涵揭示的是其本质特征，外延是个人信息的范围。个人信息的外延，不仅决定个人权利的范围，而且关涉个人权利保护与电子商务产业发展这一矛盾，因此，需要在平衡个人信息安全与电子商务产业发展的基础上确定。

一、个人信息的概念

2012 年通过的《全国人民代表大会常务委员会关于加强网络信息保护的决定》第 1 条规定："国家保护能够识别公民个人身份和涉及公民个人隐私的电子信息。任何组织和个人不得窃取或者以其他非法方式获取公民个人电子信息，不得出售或者非法向他人提供公民个人电子信息。"《刑法》第 253 条之一规定了向他人出售或提供公民个人信息的构成犯罪。2017 年通过的《最高人民法院、最高人民检察院关于办理侵犯公民个人信息刑事案件适用法律若干问题的解释》第 1 条规定："刑法第二百五十三条之一规定的'公民个人信息'，是指以电子或者其他方式记录的能够单独或者与其他信息结合识别特定自然人身份或者反映特定自然人活动情况的各种信息，包括姓名、身份证件号码、通信通讯联系方式、住址、账号密码、财产状况、行踪轨迹等。"

《中华人民共和国网络安全法》（以下简称《网络安全法》）第76条第（5）项规定："个人信息，是指以电子或者其他方式记录的能够单独或者与其他信息结合识别自然人个人身份的各种信息，包括但不限于自然人的姓名、出生日期、身份证件号码、个人生物识别信息、住址、电话号码等。"网络安全法的规定强调了个人信息的识别性。虽然网络安全法规定了个人信息的内涵和外延，但实践中对个人信息内涵和外延的认识仍存在争议，因此有必要依照个人信息保护法的基本原理明确个人信息的内涵和外延。

二、个人信息的内涵

依个人信息保护法的基本原理，个人信息是指可以直接或间接识别自然人个人的信息。信息哲学认为，信息是物质存在方式和状态的自身显示。个人信息是对权利主体（信息体）的反映，个人信息是识别权利主体和确定权利主体特征、状态的客观存在或描述，如姓名、年龄、通信地址和网上浏览记录，是与自然人相关联的、具有个体特征的信息片段。

识别性是个人信息的本质属性。所谓识别，既可以是将信息主体与其他人区分开来或者联络到本人，也可以是权利人的行为状态和行为轨迹等。识别分为直接识别和间接识别，所谓直接识别是指仅依靠一条信息就能把信息主体特定化，典型的直接识别性个人信息是个人的身份证号码；所谓间接识别，是指通过两条以上的个人信息才能将信息主体特定化，如通过姓名、单位、职务或职称等组合确定某一自然人。识别既可以是通过个人信息指向本人，如姓名、身份证号码等确定某一信息主体，也可以通过识别个人终端设备"间接识别"某一信息主体，例如，使用"Cookies"向信息主体的终端设备发送定向广告。

三、个人信息的外延

个人信息的内涵决定了个人信息的外延，因此，所有能够识别自然人的信息都属于个人信息的范围，如自然人的姓名，身份证件号码，住址，个人生物识别信息，电话号码，银行卡信息、账号和密码，支付记录、浏览记录、搜索记录、交易记录、通话记录，位置信息，健康状况等信息，具体而言，个人信息有以下类型。

（一）个人生理特征信息

该类信息是基于个人的出生和成长而产生、体现个人自身特征或者状况的信息，包括出生日期、性别、基因、指纹、声纹、掌纹、耳郭、虹膜、面部特征等个人生物识别信息。

（二）个人标识性信息

该类信息的特点是区分性，即通过某一条信息或者以下信息的组合能把某人从其他人中区别开来，如姓名、民族、国籍、亲属关系、住址等；身份证、军官证、护照、驾驶证、工作证、出入证、社保卡、居住证，个人电话号码、系统账号、IP 地址、电子邮箱及与前述有关的密码、口令、口令保护答案、用户个人数字证书等网络身份标识信息；个人常用设备信息，指包括硬件型号、设备 MAC 地址、操作系统类型、软件列表唯一设备识别码（如 IMEI/android ID/IDFA/OPENUDID/GUID、SIM 卡 IMSI 信息）等在内的描述个人常用设备基本情况的信息；联系人信息，通讯录、好友列表、群列表、电子邮件地址列表等。

（三）反映个人基本情况的信息

该类信息反映的是个人的人身或者财产的基本状况，包括以下信息。

（1）个人生理健康信息，如个人因生病医治等产生的相关记录，如病症、住院志、医嘱单、检验报告、手术及麻醉记录、护理记录、用药记录、药物食物过敏信息、生育信息、既往病史、家族病史，以及根据个人身体健康状况产生的相关信息，如体重、身高、肺活量。

（2）个人教育工作信息，如职业、工作单位、职位、学历、学位、教育经历、工作经历。

（3）个人财产信息，如银行账号、鉴别信息（口令）、存款信息、账户变动信息、房产信息、信贷记录、征信信息、交易和消费记录、流水记录等，以及虚拟货币、虚拟交易、游戏类兑换码等虚拟财产信息。

（4）个人的婚史、宗教信仰、性取向、未公开的违法犯罪记录等。

（四）个人行为信息

该类信息反映的是个人登录和使用互联网产生的信息，包括以下信息。

（1）个人通信信息，包括通信记录和内容、短信、彩信、电子邮件，以及描述个人通信的数据等。

（2）个人上网记录，指通过日志储存的用户操作记录，包括网站浏览记录、搜索记录、软件使用记录、点击记录等。

（3）个人位置信息，包括行踪轨迹、精准定位信息等。

第二节　个人信息收集

违法收集个人信息往往是滥用个人信息的源头，法律有必要规范个人信息收集行为，明确收集个人信息的条件，以此保障个人人身和财产安全。2012 年通过的《全国人民代表大会常务委员会关于加强网络信息保护的决定》第 2 条规定："网络服务提供者和其他企业事业单位在业务活动中收集、使用公民个人电子信息，应当遵循合法、正当、必要的原则，明示收集、使用信息的目的、方式和范围，并经被收集者同意，不得违反法律、法规的规定和双方的约定收集、使用信息。网络服务提供者和其他企业事业单位收集、使用公民个人电子信息，应当公开其收集、使用规则。"《网络安全法》第 41 条规定："网络运营者收集、使用个人信息，应当遵循合法、正当、必要的原则，公开收集、使用规则，明示收集、使用信息的目的、方式和范围，并经被收集者同意。网络运营者不得收集与其提供的服务无关的个人信息，不得违反法律、行政法规的规定和双方的约定收集、使用个人信息，并应当依照法律、行政法规的规定和与用户的约定，处理其保存的个人信息。"① 《电

① 《网络安全法》第 22 条第 3 款规定："网络产品、服务具有收集用户信息功能的，其提供者应当向用户明示并取得同意；涉及用户个人信息的，还应当遵守本法和有关法律、行政法规关于个人信息保护的规定。" 本款除规定了网络产品和服务提供者保护个人信息的义务外，还规定了网络产品和服务提供者在收集用户（不限于自然人）信息应征得用户同意的义务。

子商务法》第 23 条规定，“电子商务经营者收集、使用其用户的个人信息，应当遵守法律、行政法规有关个人信息保护的规定”。

一、个人信息收集的概念

“收集”的字面意思是使之聚集在一起。个人信息收集，是指为某一特定目的而取得权利人个人信息的行为，包括由个人信息主体主动提供、通过与个人信息主体交互或记录个人信息主体行为等自动采集，以及通过共享、转让、搜集公开信息间接获取等方式。收集的本质特征是获得个人信息的控制权，至于收集方式和手段如何，不影响收集行为的确定，诸如网络行为的大数据采集、Cookies 以及网络蜘蛛对个人信息的获取，都属于网络安全法规定的收集。需要指出的是，如果产品或者服务提供者仅提供应用软件而不对用户使用应用软件产生的个人信息进行访问，则不属于个人信息收集行为。例如，离线导航软件在终端获取用户位置信息后不回传至软件提供者，不属于个人信息收集行为。

按收集主体分类，个人信息的收集可以分为电子商务经营者收集和执法机关收集，后者基于履行法定职责的需要，应依照特定的程序收集并依照电子商务法、网络安全法的相关规定履行特定的保密义务，其不同于电子商务经营者收集，本节如果没有特殊说明，是指电子商务经营者收集。

按收集手段分类，个人信息的收集方式可以分为直接收集和间接收集，前者是指直接从权利人处收集个人信息，后者是指从权利人以外的第三方收集个人信息，除个人的公开信息外，收集权利人的个人信息应采用直接收集方式。

二、个人信息收集的具体要求

收集人对个人信息的收集必须符合法定的要件，即在告知权利人的基础上，取得权利人的同意。根据《电子商务法》第 23 条、《网络安全法》第 41 条的规定，收集个人信息需符合以下具体要求。

（一）遵循合法、正当、必要的原则

合法原则，是指收集人收集个人信息的方式要符合法律规定。合法的

“法”包括两个层面：一是网络安全法和相关法律、行政法规；二是收集人与用户签订的协议，当然，协议不得违反法律、行政法规的强制性规定，不得利用自身的优势地位剥夺用户的主要权利或免除自身的主要义务。

正当原则，是指收集人在收集个人信息的过程中，其应本着善意的原则，手段应适度，遵循诚实信用原则，避免对权利人造成过度侵扰和损害。合法和正当原则的具体要求如下：（1）不得收集法律法规禁止收集的个人信息；（2）不得欺诈、强制个人信息主体提供其个人信息，特别是禁止以拒绝提供服务手段而强迫收集个人信息；（3）不得隐瞒产品或服务所具有的收集个人信息的功能；（4）不得从非法渠道获取个人信息。

必要原则，要求收集人在收集个人信息之前必须有明确的目的。对公共部门而言，只能基于履行法定职责的需要才能收集个人信息；对企业而言，只能基于提供服务的必要而收集个人信息，不得收集与其提供的服务无关的个人信息。具体而言：（1）收集的个人信息的类型应与实现产品或服务的业务功能有直接关联，直接关联是指没有该个人信息无法为用户提供产品或服务，或者提供的产品或服务无法正常使用；（2）产品或者服务具有持续收集个人信息的功能时，需要将时限降至最低；（3）间接收集个人信息，仅以公开个人信息为限。

（二）告知被收集人

1. 告知的具体内容

收集人应将以下内容告知被收集人：（1）收集、使用规则；（2）收集和处理客户个人信息的目的；（3）个人信息的收集方式和手段、收集的具体内容和留存时限；（4）个人信息的使用范围，包括披露或向其他组织和机构提供其个人信息的范围；（5）个人信息的保护措施；（6）权利人的查询权、更正请求权、删除权、拒绝权等；（7）如需将客户个人信息转移或委托于其他组织和机构，要向权利人明确告知包括但不限于以下信息：转移或委托的目的、转移或委托个人信息的具体内容和使用范围、接受委托的个人信息获得者的名称、地址、联系方式等；（8）提供个人信息后可能存在的风险以及不提供个人信息可能出现的后果；（9）收集人的名称、地址、联系方式等相关信息；（10）客户的投诉渠道（包括向监管机构以及自身投诉的渠道）及其投诉部门的具体联系方式。

2. 告知的基本要求

收集权利人的敏感信息时，收集人应采用“一事一议”的告知方式。收集非敏感信息，收集人可以用户服务协议的方式告知权利人；分阶段或多次收集客户信息的，应在每次收集前履行告知义务，但与用户有约定的除外；持续收集个人信息时应允许用户自行配置、调整、关闭个人信息收集的功能，同时应明确告知用户此类功能的存在以及使用此类功能的方法。

（三）经用户同意

所谓同意，是指收集人在告知权利人的基础上，权利人在自由的状态下通过声明或者明确的行动表示其同意处理本人个人信息的意思表示。

同意的具体要求：（1）除权利人的身份信息外，收集和处理权利人的个人信息之前，应以书面或电子形式征得权利人的同意。权利人的敏感信息，收集人应以“一事一同意”的方式征得权利人的明示同意。权利人的非敏感信息，收集人可以服务协议的方式获得权利人的笼统同意；（2）收集或使用人承担举证责任；（3）协议中有同意以外其他条款时应对“同意”做显著标注；（4）权利人在任何时候都有权撤销同意；（5）双方地位悬殊时，同意并不代表合法。

以下情形中，收集、使用个人信息无须征得个人信息主体的授权同意：（1）基于维护国家安全、社会公共安全的需要；（2）基于执法和司法的需要；（3）为维护个人信息主体或其他个人的生命健康权益但无法得到本人同意的；（4）个人信息主体自行或者他人合法向社会公众公开的个人信息，如合法的新闻报道、政府信息公开等公开的个人信息；（5）用于维护所提供的产品或服务的安全稳定运行所必需的，如发现、处置产品或服务的故障；（6）学术研究机构基于公共利益开展统计或学术研究所必要，且对外提供学术研究或描述的结果时，对结果中所包含的个人信息进行去标识化处理的；（7）法律法规规定的其他情形。

三、个人敏感信息收集的同意

个人敏感信息，是指一旦泄露、非法提供或滥用可能危害人身和财产安全，或者导致个人名誉、身心健康受到损害或歧视性待遇等的个人信息，包括身份证件号码、个人生物识别信息、银行账号、通信记录和内容、财产信息、征信信息、行踪轨迹、住宿信息、健康生理信息、交易信息、14 岁以下（含）儿童的个人信息等。收集个人敏感信息时，应取得个人信息主体的明示同意。

首先，应确保个人信息主体的明示同意是其在完全知情的基础上自愿给出的、具体的、清晰明确的愿望表示。

其次，通过主动提供或自动采集方式收集个人敏感信息前，应当：（1）向个人信息主体告知所提供产品或服务的核心业务功能及所必需收集的个人敏感信息，并明确告知拒绝提供或拒绝同意将带来的影响。应允许个人信息主体选择是否提供或同意自动采集；（2）产品或服务如提供其他附加功能，需要收集个人敏感信息时，收集前应向个人信息主体逐一说明个人敏感信息为完成何种附加功能所必需，并允许个人信息主体逐项选择是否提供或同意自动采集个人敏感信息。当个人信息主体拒绝时，可以不提供相应的附加功能，但不应以此为理由停止提供核心业务功能，并应保障相应的服务质量。

最后，收集不满 14 周岁的未成年人个人信息的，应征得其监护人的同意。

第三节　个人信息权利

在大数据时代，无论是社会管理者，还是网络服务商，都发现了隐藏在数据背后的巨大价值，因此信息存储主体会长期保留这些数据并重复使用这些数据。数据存储的时间以及使用的频次与信息被滥用的概率是成正比的。当数据使用威胁权利人的财产甚至人身安全时，需要新的方式使权利人能够有效地选择和控制自己的信息。为保护电子商务用户的个人信息安全，《电子商务法》第 24 条规定了查询权、更正请求权和删除权。

一、赋权的必要性

作为权利客体的个人信息具有以下特殊性：与物权人可以通过物理措施控制权利客体不同，个人信息被他人收集和利用后，权利人无法通过物理手段控制自己的个人信息，只能通过法定或约定的义务约束收集人。显而易见，义务手段远不如物理措施有效。此外，个人在实践中很难确定信息泄露源和恰当的诉讼对象。为恢复权利人对个人信息的控制，降低个人信息被滥用的风险，信息控制权应进行扩张，使权利人可以选择“遗忘”网上行为数据，即可以要求收集人删除、停止处理、利用或者销毁相关个人信息。

赋予用户查询权、更正请求权和删除权，是因为个人信息与特定自然人身份的识别信息相关，信息的准确、完整对于经营者和消费者都有重要意义。对经营者而言，个人信息的真实性有助于其为消费者提供精准的个性化服务，并对市场作出准确的定位；对消费者而言，个人信息的真实性是消费者个人信息权的题中应有之义。要求经营者对个人信息的真实性负担一定的义务有利于电子商务交易活动的顺利进行。

二、个人信息权的法律属性

（一）学界观点

个人信息控制权的法律属性，除早期的所有权说、隐私权说外（如今很少有学者持上述观点），人格权说与人格权兼财产权说是当今个人信息控制权法律属性的两种主流观点。人格权兼财产权说以刘德良教授为代表，认为对个人信息进行确权应该根据其体现的价值而定，当其维护主体人格利益时，应该给予其人格权的保护；当其维护主体财产利益时，应该给予其财产权保护。在信息时代，个人信息具有潜在的商业价值，故而都应该受到财产权的保护。[①] 此外，还有学者从载体视角以及客体视角论证了个人信息控制权兼具财产权和人格权的法律属性。

人格权说以齐爱民教授为代表，认为个人信息控制权的法律属性为一项

① 刘德良．个人信息的财产权保护［J］．法学研究，2007（3）：80—91.

具体的人格权。[1] 有学者虽然认同个人信息控制权为人格权，但受个人信息与物质利益关系的“干扰”，认为个人信息控制权是具有精神利益与物质利益双重属性的框架性人格权。[2] 亦有学者认为，法律保护个人信息是为了维护个人的人格尊严和人格平等，个人信息控制权为人格权，但其不完全是精神性人格权，而是一种集人格利益与财产利益于一体的综合性权利，既包括了精神价值，也包括了财产价值。[3]

（二）个人信息权为人格权

1. 个人信息的非财产性

就与人体的关系而言，财产是独立于人体之外的客观存在。信息具有依附性，即信息是由物质派生出来的，是以物质的存在为根据、为条件的，是对物质的显示。信息的依附性决定了其无法与信息体完全分离。事实上，个人信息从未与信息主体彻底分离，只不过是信息可以同时被不同的主体占有。虽然诸如搜索记录、浏览记录等网上行为信息已经从人之本体转移到了人之“外部”，但个人信息仍旧是主体的映射，从个人信息中传递和彰显的还是人本身。

个人信息依附于个体，也只有与个体联系起来才有其存在的意义。当个人信息进行商业利用的时候，商家的目的往往不在于符号意义的个人信息，而是这些符号所透显出的信息主体——人本身。[4] 网站进行广告定向投放时，个人的网上行为轨迹（搜索记录和浏览记录）只有与个人的位置信息、通信信息等结合时，对商家才有意义。

综上，个人信息与人身不可分离的特性决定了个人信息不是财产。

2. 个人信息是人格要素扩张的产物

权利客体的发展史是法律权利的扩张史：在权利关系的发生史中，客体具有始发性。发现或确认新的客体作为中介和载体，新的社会关系和新的权

---

① 齐爱民. 论个人信息的法律属性与构成要素［J］. 情报理论与实践，2009（10）：26—29.

② 刁胜先，周璐，谢文彦. 论个人信息网络侵权的民法规制［J］. 重庆邮电大学学报：社会科学版，2012（1）：17—21.

③ 王利明. 论个人信息权的法律保护：以个人信息权与隐私权的界分为中心［J］. 现代法学，2013（4）：62—72.

④ 张涛. 个人信息的法学证成：两种价值维度的统一［J］. 求索，2011（12）：161—163.

利关系才能够发生。[①] 在民法上，人格权是以自身的要素即人格要素为客体的权利。自然人的人格要素范围并非一成不变。虽然物质人格要素相对固定，但精神人格要素的范围却伴随着人类认识自我能力的提高、人们对外部世界实践活动的扩展而扩张。随着互联网的出现和生命科学的进步，人格要素得到广泛的发展而呈现出类型多样性、复杂性的特点。在信息时代，自然人对人格要素的支配越来越多地表现为对其个人信息自主收集、传输与利用，个人信息保护问题就是在这样的背景下出现的。

3. 个人信息控制权的人格权属性

人格权的一项重要功能在于保障决定“人之所以为人”的那些基本要素（生命、健康、名誉等）不受非法侵害，从而实现维护个人的尊严和自由。信息社会中，人除了具有物理意义上的存在之外，还是一种“信息存在”，几乎所有的人类活动都具有信息形式的记录，人具有了一个全面的信息化外观。个人信息和姓名、名誉、隐私、肖像等人格要素一样，承载着平等、自由、尊严等人的伦理价值，是自然人之所以为社会人的重要组成部分。丹尼尔·沙勒夫教授认为，对权利人而言，危险不在于失去对信息的控制，而是个人的名誉因为该信息而败坏。[②] 保障个人信息的安全，实际上保护的是个人自己决定人格的发展和自我表现，以其自身可控制的自我表达方式或者通过与社会中他人进行交流的形式传达出去。[③] 于是，个人信息具有了人格权上的意义，对个人信息的保护成了人格权保护的重要维度。

三、个人信息权的内容

《电子商务法》第 24 条规定了用户的查询权、更正补充请求权以及删除权，结合个人信息保护法的基本原理，上述权利的具体内容如下。

（一）查询权与更正补充请求权

查询权与更正补充请求权，是信息品质原则的具体体现，是信息主体控

---

① 李晓辉. 信息权利：一种权利类型分析［J］. 法制与社会发展，2004（4）：75—82.

② ［英］维克托·迈尔－舍恩伯格. 删除：大数据取舍之道［M］. 袁杰译，杭州：浙江人民出版社，2013：176.

③ 贺栩栩. 比较法上的个人数据信息自决权［J］. 比较法研究，2013（2）：61—76.

制权的核心权利，有学者将其称之为“信息保护的大宪章”“关键性之权利”。因电子商务交易信息的品质问题，可能给信息主体带来不利影响，同时也很可能给收集、使用人造成损失。若电子商务信息存有品质瑕疵，收集人应当主动更正，信息主体当然也有权要求更正，但是事实上信息控制人主动更正的情形很少，大多数情形还需由信息主体本人或其代理人要求更正。信息主体有权向信息管理者查询其个人信息被收集、处理和利用的情况。收集人在收到查询通知后，应及时答复，这里的“及时”以五个工作日为宜，有正当理由时，可适当延长，但应当将理由告知查询人；当信息主体发现电子商务交易信息错误、过时或不完整时，有权请求收集人更正、更新或补充。

查询权和更正补充请求权并非绝对，依个人信息保护法的基本原理，存在以下情形时，不得行使查询权：（1）接受查询可能危及公共部门履行职责的；（2）接受查询可能危及公共安全或公共秩序的；（3）接受查询可能危及他人重大利益的。存在以下情形之一时，不得行使更正请求权：（1）电子商务交易信息因时间推移而造成不正确时，考虑到原始信息（历史信息）的正确性，将视信息主体行使更正权是否具有正当性而确定其更正权；（2）如果信息涉及价值判断，鉴于价值判断的主观性，该信息不应当成为更正请求权行使的对象；（3）对于鉴定报告之说明、说明书等，信息主体不得行使更正请求权。

（二）删除权

删除权是个人信息控制权的重要内容。删除权保护的是自然人个人的人格，是防止个人信息被无休止地利用、保障权利人自由控制个人信息的有效手段。作为权利客体的个人信息具有以下特殊性：与物权人可以通过物理措施控制权利客体不同，个人信息被他人收集和利用后，权利人无法通过物理手段控制自己的个人信息，只能通过法定或约定的义务约束收集人。显而易见，义务手段远不如物理措施有效。此外，个人在实践中很难确定信息泄露源和恰当的诉讼对象。为恢复权利人对个人信息的控制，降低个人信息被滥用的风险，权利人可以选择“遗忘”网上行为数据，即删除权。

存在以下情形之一，权利人可以要求存储人删除其个人信息：（1）个人信息控制者违反法律法规规定，收集、使用个人信息的；（2）个人信息控制者违反了与个人信息主体的约定，收集、使用个人信息的；（3）个人信息控制者违反法律法规规定或违反与个人信息主体的约定向第三方共享、转让个人信息，且个人信息主体要求删除的，个人信息控制者应立即停止共享、转让的行为，并通知第三方及时删除；（4）个人信息控制者违反法律法规规定或与个人信息主体的约定，公开披露个人信息，且个人信息主体要求删除的，个人信息控制者应立即停止公开披露的行为，并发布通知要求相关接收方删除相应的信息；（5）用户注销账号时，此时个人信息控制者不再具有存储和处理个人信息的基础，个人信息控制者应在用户注销账号的同时删除用户的个人信息。

权利人原则上可随时请求存储人删除其个人信息，但存在以下例外情形：（1）基于证据保存的需要。例如，《互联网信息服务管理办法》第 14 条第 2 款规定，互联网信息服务提供者和互联网接入服务提供者的记录备份应当保存 60 日，在上述期限内，权利人不得请求删除其信息；（2）基于维护权利人基本权利的需要；（3）基于维护公共利益的需要，如基于防治严重的传染病、公共健康的需要而进行的药物试验以及其他科学研究的需要；（4）基于与用户的约定。个人信息控制者与用户的约定往往是以格式合同的形式呈现，因此该约定不得违反合同法有关格式合同的强制性规定。

第七章　电子商务平台责任

第一节　电子商务平台经营者的消费者保护责任

一、相应责任的由来

2016 年 12 月 19 日提交第十二届全国人民代表大会常务委员会审议的《中华人民共和国电子商务法（草案）》（以下简称一审稿）在第四章中专设消费者保护一节，规定了电子商务经营者的商品或者服务信息真实义务、商品或者服务质量保证义务、交易规则和格式条款制定，并要求电子商务经营者设立消费者权益保证金。同时，电子商务第三方平台有协助消费者维权的义务。就电子商务平台经营者对消费者承担的责任，草案一审稿沿袭《消费者权益保护法》第 44 条的规定，要求电子商务平台经营者对消费者承担先行赔偿责任。《电子商务法草案二次审议稿》（以下简称二审稿）第 51 条第 3 款规定，消费者要求电子商务平台经营者承担先行赔偿责任的，适用《消费者权益保护法》的有关规定。从上述规定可以看出，二审稿对电子商务平台经营者的消费者保护责任，除表述外，并未有实质变化。

（一）三审稿：连带责任

以网络约车、共享房屋为代表的电子商务新业态、新模式，引发了电子商务法律关系的深刻变化：用户之间由单纯的非面对面的信息交流转变为线下实体空间面对面的物理接触。网络空间的侵权行为已经由早期的欺诈（销售假冒伪劣产品、网络钓鱼）、诽谤、侵犯知识产权、窃取账号内的财产、违法收集和使用个人信息，发展到侵犯消费者的生命健康权益。诸如网络约车服务中发生的乘客遇害事件，黑客入侵手术机器人或者心脏起搏器等严重侵犯消费者人身安全的事件，迫切需要法律予以回应。消费者在购买商品或者接受服务的过程中出现安全问题后，电子商务平台和入驻商家之间经常相互推诿，导致消费者维权困难。为回应上述难题，《电子商务法草案三次审议稿》（以下简称三审稿）第37条第2款明确了对关系消费者生命健康的商品或者服务，电子商务平台经营者对平台内经营者的资质资格未尽到审核义务，或者对消费者未尽到安全保障义务，造成消费者损害的，依法与该平台内经营者承担连带责任。上述规定，一方面是为了与消费者权益保护法、侵权责任法、广告法、食品安全法等法律相衔接，进一步明确和细化电子商务平台经营者对消费者的责任；[①] 更重要的是，明确了对关系消费者生命健康的商品和服务，电子商务平台经营者应当履行对平台内经营者的身份信息、获得相关许可证等资质资格的审核义务以及采取必要措施保障消费者人身安全的义务，进一步强化了对消费者人身权益的保护。

（二）四审稿：补充责任

三审稿公开征求意见后，引起各方热议。一些社会公众、电商平台企业和实务界人士提出，三审稿第37条第2款关于电子商务平台经营者与平台内经营者承担连带责任的规定，给平台经营者施加的责任过重。2018年7月21日，由清华大学法学院、中国电子商务协会主办，《新京报》承办的“新时代的电子商务行业担当”研讨会上，刘凯湘教授提出，连带责任的规定基本上是把平台和平台内的经营者视为了同一个行为者，没有厘清第三方平台与实际销售商品、提供服务的平台内经营者两者之间的区别，这种把责任泛化的做法，将对整个电子商务造成显著冲击。[②] 陈永伟认为，三审稿中电子商

① 全国人民代表大会宪法和法律委员会．全国人民代表大会宪法和法律委员会关于《中华人民共和国电子商务法（草案）》修改情况的汇报［R/OL］［2019-03-06］．http：//www.npc.gov.cn/npc/lfzt/rlyw/2018-8/31/content_2060824.htm.

② 张斯，陈克远．电商法草案三审稿引热议　部分核心条款或成电商“不能承受之重”［N/OL］［2019-03-06］．http：//www.nbd.com.cn/articles/2018-07-22/1237437.html.

务平台的权责安排有失妥当，审核义务、安全保障义务让平台承担了太多的责任，但与此同时却没有给予平台足够的权利。[①] 有观点认为，连带责任不当扩张了平台的安全保障义务，与草案对电子商务平台的居间人定性不符。[②] 另有观点认为，旨在保护消费者生命健康权益的初衷固然可取，但对平台经营者在资质审核之外额外增加“安全保障义务”和连带责任则有忽视现实情况一概而论之嫌。[③] 为回应上述诉求，《电子商务法草案四次审议稿》（以下简称四审稿）将“承担连带责任”改为“承担相应的补充责任”。上述修改是为了做到与侵权责任法的有关规定相一致，同时电子商务平台经营者承担相应的补充责任更为合理，也能够为消费者提供充分保障。[④]

（三）表决稿：相应责任

四审稿将“连带责任修改为补充责任”的消息发布后，电子商务平台经营者的责任再次成为舆论焦点。时建中教授、中国消费者协会相关负责人表示补充责任与食品安全法等法律规定相冲突。中国消费者协会相关负责人认为，连带责任是合理且必要的，对于遏制网购平台售假，特别是危及消费者生命健康安全的食品、药品等，以及网约车司机杀人事件等恶性侵权事件，具有非常重要的制约作用，可以倒逼平台守法尽责，符合当前的社会需求和消费者权益保护需要，应予保留。[⑤] 在2018年8月28日下午举行的十三届全国人民代表大会常务委员会第五次会议上，一些常委委员和列席会议的同志针对四审稿中的“相应的补充责任”规定提出，实践中电子商务平台经营者未履行资质资格审核义务和对消费者的安全保障义务的情况比较复杂，可根

---

① 陈永伟．对《电子商务法（草案三审稿）》的几点看法［OL］［2019．-03－06］．http：//opinion. caixin. com/2018－07－30/101309770. html.

② 上海金融与法律研究院．对电子商务法（草案三次审议稿）的四点建议［OL］［2019－03－06］．http：//dy. 163. com/v2/article/detail/DOS6NDRR0519S2BK. html.

③ 电商法三审稿针对热点性事件回应之反思［OL］［2019－03－06］．http：//wemedia. ifeng. com/72628904/wemedia. shtml.

④ 全国人民代表大会宪法和法律委员会．全国人民代表大会宪法和法律委员会关于《中华人民共和国电子商务法（草案）》审议结果的报告［R/OL］［2019－03－06］．http：//www. npc. gov. cn/npc/lfzt/rlyw/2018－08/31/content_ 2060822. htm.

⑤ 任震宇．中消协指《电商法》（草案）四审稿修改有严重隐患　专家称滴滴等平台或将因此减轻责任［OL］［2019－03－06］．http：//www. ccn. com. cn/html/news/xiaofeiyaowen/2018/0829/363669. html.

据实际情形依法认定其应承担的责任。宪法和法律委员会建议将四审稿第37条第2款中的“依法承担相应的补充责任”，修改为“依法承担相应的责任”。同时，有的常委委员建议增加一条行政处罚规定。[①]

2018年8月31日下午，第十三届全国人民代表大会常务委员会第五次会议表决通过《电子商务法》。在通过的文本中，由于其他条文的增减，电子商务平台经营者承担相应责任的条文是第38条第2款：“对关系消费者生命健康的商品或者服务，电子商务平台经营者对平台内经营者的资质资格未尽到审核义务，或者对消费者未尽到安全保障义务，造成消费者损害的，依法承担相应的责任。”此外，《电子商务法》第83条规定了电子商务平台经营者的行政责任：“电子商务平台经营者违反本法第三十八条规定，对平台内经营者侵害消费者合法权益行为未采取必要措施，或者对平台内经营者未尽到资质资格审核义务，或者对消费者未尽到安全保障义务的，由市场监督管理部门责令限期改正，可以处五万元以上五十万元以下的罚款；情节严重的，责令停业整顿，并处五十万元以上二百万元以下的罚款。”

电子商务经营者作为新兴市场主体，需要在立法实践中不断完善其权利、义务和责任的规范。特别是如何处理平台与消费者的关系、平台与平台内经营者的关系、平台与相关权利人的关系等，都需要立法不断地探索、研究和解决。在我国经济发展进入新常态的背景下，电子商务迅速发展，同时电子商务发展过程中的一些矛盾和问题已经凸显，社会各界迫切期望加快电子商务立法。[②] 在良法管用、尽快出台这一立法工作原则的指引下，《电子商务法》第38条第2款规定的相应责任有利于搁置争议，在寻求最大公约数的基础上体现了立法针对性、灵活性和前瞻性的统一。以电子商务法出台为契机，可以倒逼电子商务平台经营者更加注重消费者权益保护，切实履行资质资格审核义务和安全保障义务，加强对平台内经营者的监督和管理。[③]

---

① 全国人民代表大会宪法和法律委员会. 全国人民代表大会宪法和法律委员会关于《中华人民共和国电子商务法（草案四次审议稿）》修改意见的报告［R/OL］［2019-03-06］. http://www.npc.gov.cn/npc/xinwen/2018-08/31/content_2060161.htm.

② 电子商务法起草组. 中华人民共和国电子商务法解读［M］. 北京：中国法制出版社，2018：1.

③ 电子商务法起草组. 中华人民共和国电子商务法条文释义［M］. 北京：法律出版社，2018：121.

二、相应责任的适用范围

电子商务平台经营者的相应责任仅限于关系消费者生命健康的产品或者服务。关系消费者生命健康的产品或者服务，是指产品或者服务自身存在一定安全隐患或者安全风险，因第三人介入或者未能及时发现、控制产品或者服务自身的危险而导致消费者的生命权或者健康权受到损害。关系消费者生命健康的商品主要有药品、医疗器械、保健食品、食品、乳制品、酒类、易燃易爆物等；关系消费者生命健康的服务主要有医疗、美容、护理、旅游、交通、劳务等。[①] 生命权保障的是消费者的生命安全利益，基本内容是维护人的生命活动延续。生命安全利益是自然人的最高顺位的利益。健康权保障的是自然人自身机体生理功能正常运作和功能完全发挥，基本内容是保障自然人的人体生命活动利益。生命安全利益是无法恢复原状的，人体生命活动利益是很难恢复原状的，所以生命权、健康权的损害往往是不可逆的，需要法律进行特殊保护。

实践中往往是从损害结果倒推判定商品或者服务是否关系消费者生命或者健康权，具体判断标准可以采取理性人的标准。电子商务平台经营者应当建立业务及其商品或者服务的风险评估制度，首先要评估平台自身业务存在的潜在风险；其次要评估平台内经营者销售的商品或者提供的服务的潜在风险。对于普通商品，如食品、化妆品、特殊动物，建立事前审查机制，否则因未尽事前审查义务而导致的类似银环蛇致人死亡的事件将层出不穷；对于极其特殊、小众的商品或者服务，建立面向未来的审核义务。所谓面向未来的审核义务，是在知道商品或者服务存在安全隐患时采取有效处置措施。“知道”包括自身发现、接到消费者通知或者监管部门的通知。

三、相应责任的适用情形

（一）未尽资质资格审核义务

《电子商务法》第 27 条规定，电子商务平台经营者应当要求申请进入平

---

① 电子商务法起草组．中华人民共和国电子商务法条文研析和适用指引［M］．北京：中国法制出版社，2018：140.

台销售商品或者提供服务的经营者或者非经营用户（销售二手物品的自然人等）提交其身份、地址、联系方式、行政许可等真实信息，进行核验、登记，建立登记档案，并定期核验更新。依照上述规定，电子商务平台经营者必须要求用户提供上述信息，同时通过相应审核措施保障上述信息真实，并进行记录，在上述信息发生变化时应及时更改。信息审核义务的基本功能是以较低的成本确定责任人，方便监管部门执法和消费者维权。

未尽审核义务主要表现为：（1）未按法律规定要求用户提供相关信息。未要求用户提供身份、地址、联系方式、市场主体登记、行政许可等信息，或者是没有要求用户全部提供身份、地址、联系方式、市场主体登记、行政许可信息。身份信息、地址、联系方式、市场主体登记、行政许可这五类信息是必要提交事项，当然从事无须许可的业务除外。只要电子商务平台经营者未全部要求用户提交上述五项信息，即可认定为违反审核义务。如果电子商务平台经营者不能提供上述信息，即存在过失，就应当承担赔偿责任。[①]（2）未按照规定记载、存储上述信息，或者遗漏部分信息，即信息不完全。（3）未采取相应措施核实上述信息的真实性，如未核查出用户提供的虚假身份证件、虚假行政许可信息等。由于电子商务平台经营者未能核实上述信息导致不具备相应资质或者存在潜在危险的电子商务经营者在平台上从事经营活动，给消费者造成损害的，电子商务平台经营者应当承担相应责任，滴滴顺风车安全事件就是典型例证。（4）记载发生错误，或者未及时更新。如用户的联系方式、地址等信息发生变更并将上述信息提交给电子商务平台经营者，平台的工作人员由于工作失误而未及时变更等。只要存在上述情形之一，即可认定电子商务平台经营者未尽审核义务。

（二）未尽安全保障义务

开启或加入交往空间者对其中的他人负有安全保障义务，应在合理限度内照顾他人权益，这一原则并无对介质的特殊要求，也适用于作为社会生活一部分的网络空间。在网络空间的社会性交往中，网络服务提供者是交往的

① 杨立新．网络交易平台提供者为消费者损害承担赔偿责任的法理基础［J］．法学，2016（1）：3—11.

开启者和最终管理者，理应负有安全保障义务。① 网络空间的安全保障义务是线上线下一致原则的体现，是对交往密切的网络社会所衍生的高风险在法律上的处置，是法律对消费者进入网络空间而要求的合理信赖需求的保障。

《消费者权益保护法》第 18 条第 2 款规定，宾馆、商场、餐馆、银行、机场、车站、港口、影剧院等经营场所的经营者，应当对消费者尽到安全保障义务。有观点认为，上述规定强调的是传统实体经营场所经营者的安全保障义务，平台经营者所负担的安全保障义务主要是基于其所掌握的商品或者服务信息而产生的，与线下实体空间管理者的安全保障义务有所区别。② 传统侵权行为法、消费者权益保护法上的安全保障义务仅涉及特定场所里的相关人员和特定团体里的成员，数量有限，而电子商务平台经营者面对的是巨量的、不特定的可能受他人侵害的潜在保护对象。虽然用户数量增加，但随着技术的进步，电子商务平台经营者的管控能力在增强，这足以抵消用户数量增加带来的难度。5G 时代，虚拟现实、增强现实等所营造的场景与实体空间面对面的接触不再存在巨大差异。随着大数据的应用，电子商务平台经营者对风险的预判、管控的能力会超过线下，因此电子商务平台经营者承担的安全保障义务无异于线下实体空间管理者，其安全保障义务的内容及其标准、程度不得低于线下实体空间管理者。

电子商务平台经营者的安全保障义务涵盖电子商务活动的事前、事中、事后三个阶段。安全保障义务的形式大致包括警示、告知、照顾、安保措施等。判断电子商务平台经营者是否履行安全保障义务要考虑危险的等级、程度、发生概率、损害后果、防控成本、获益以及消费者信赖程度等因素。之所以考虑信赖因素，原因在于信赖使电子商务平台经营者容易获益或者利润率比较高，依照损益一致的原则，电子商务平台经营者对消费者的安全保障标准自然应当提高。同时，获益多也提升了其安全保障能力，以网络约车平台为例，可以在线验证、抽查等方式，甚至在乘客允许的情况下进行全程录音、录像等，上述措施无疑增加了消费者的安全程度。

---

① 刘文杰．网络服务提供者的安全保障义务［J］．中外法学，2012，24（2）：395—410.

② 宋燕妮．《中华人民共和国电子商务法》精释与适用［M］．北京：中国民主法制出版社，2018：115.

安全保障义务的内容包括危险防范义务、危险排查义务、危险排除义务或者警示义务和救助义务。① 依据收益与风险相一致的原则，电子商务平台经营者甚至负有防范和制止第三人暴力犯罪的义务。② 以网络约车服务为例，网络约车平台经营者的事前安全保障义务包括车辆适驾性审查、驾驶员适格性审查，事中安全保障义务包括确保人车线上线下一致性、保障路线规划和导航服务等附加服务的安全性以及建立异常情形快速发现、处置机制，事后安全保障义务主要有记录车主、乘客发布的信息、订单日志、上网日志、网上交易日志、行驶轨迹日志等数据并备份。③

四、相应责任的具体形式

就责任形式而言，相应责任不仅包括民事责任，也包括行政责任与刑事责任。④ 从民事责任来看，相应责任包括多种责任，如连带责任、补充责任。就责任的具体承担而言，依照特别法优先的原则，若特别法对电子商务平台经营者的责任有专门规定，应当适用该规定。如果没有特别法规定，应适用侵权责任法的相关规定。

（一）属于特别法规定的情形

梳理我国现行立法，和平台责任相关的特别法主要有食品安全法、广告法和消费者权益保护法。当电子商务平台经营者为网络食品交易第三方平台时，依照特别法优于一般法的原则，应依照《食品安全法》第131条第1款确定其法律责任，即“网络食品交易第三方平台提供者未对入网食品经营者进行实名登记、审查许可证，或者未履行报告、停止提供网络交易平台服务等义务的，由县级以上人民政府食品药品监督管理部门责令改正，没收违法所得，并处五万元以上二十万元以下罚款；造成严重后果的，责令停业，直

---

① 齐爱民，陈琛．论网络交易平台提供商之交易安全保障义务［J］．法律科学：西北政法大学学报，2011，29（5）：67—74.

② 冯珏．安全保障义务与不作为侵权［J］．法学研究，2009，31（4）：62—79.

③ 张新宝．顺风车网络平台的安全保障义务与侵权责任［J］．法律适用：司法案例，2018（12）：98—104.

④ 2018年8月31日全国人大常委会办公厅新闻发布会［OL］［2019-03-07］．http：//www.npc.gov.cn/npc/zhibo/zzzb36/node_27356.htm.

至由原发证部门吊销许可证；使消费者的合法权益受到损害的，应当与食品经营者承担连带责任”。

如果电子商务平台经营者不是网络食品交易的第三方平台，但是其从事了广告经营或者发布服务时，其法律责任应依照《广告法》第56条第2款确定，即关系消费者生命健康的商品或者服务的虚假广告，造成消费者损害的，电子商务平台经营者作为广告经营者或者广告发布者，应当与广告主承担连带责任。判断电子商务平台是否为广告经营者或者广告发布者，一方面，可以通过其初始页面的商品或者服务展示行为确定；另一方面，可以通过其提供的竞价排名结果判断。《电子商务法》第40条规定，对于竞价排名的商品或者服务，电子商务平台经营者应当显著标明“广告”。从上述规定可以看出，竞价排名的结果应当认定为广告，除遵守电子商务法的规定外，还应当遵守广告法的相关规定。

当电子商务平台经营者既不是网络食品交易第三方平台，也未从事广告经营或者发布服务时，消费者可以依照《消费者权益保护法》第44条的规定请求救济，即当电子商务平台经营者不能提供销售者或者服务者的真实名称、地址和有效联系方式的，消费者可以要求电子商务平台经营者进行赔偿，此时电子商务平台经营者承担的是垫付责任或者先行赔付责任；电子商务平台经营者作出更有利于消费者的承诺的，应当履行承诺。

（二）不属于特别法规定的情形

当电子商务平台经营者未尽到资质资格审核义务或者安全保障义务，且不属于上述特别法规定的情形时，应当按照侵权责任法等法律确定电子商务平台经营者的法律责任。

当电子商务平台经营者知道或者应当知道其未尽审核义务或者安全保障义务使消费者处于危险之中，此时电子商务平台经营者与第三人或者平台内经营者构成共同侵权，应与平台内经营者或者第三人承担连带责任。《中华人民共和国侵权责任法》（以下简称《侵权责任法》）第8条规定，两人以上共同实施的侵权行为是共同侵权，行为人之间承担连带责任。“共同实施”可以理解为以下几种情形：（1）有共同的意思联络，行为人均实施了积极的侵权行为；（2）有部分共同的意思联络，并且该部分人实施了积极的侵权行为；（3）没有意思联络，一部分人实施了积极的侵权行为，另一部分人负有安全保障义务而未及时制止侵害行为，最终导致同一损害发生。当电子商务平台经营者知道或者应当知道其未尽审核义务或者安全保障义务使消费者处于危险之中而未采取有效措施制止第三人或者平台内经营者的致害行为，属于前述第三种情形，应当认定为共同实施的侵权行为，电子商务平台经营者应当与第三人或者平台内经营者承担连带责任。

如果不构成共同侵权，可以适用《侵权责任法》第37条第2款的规定，由平台经营者承当相应的补充责任。补充责任的核心是安全保障义务人享有“顺序利益”，只有在第三人下落不明、无法确认或无力赔偿时，才承担过错责任。[①] 如果电子商务平台经营者作出比法律规定更有利于消费者的承诺，则其应当依照承诺承担责任。

除了上述民事责任以外，电子商务法还规定，如果平台有相关的违法行为，还要依法承担行政责任和刑事责任。行政责任可以依照《电子商务法》第83条、网络安全法、消费者权益保护法、广告法、食品安全法等法律法规确定。《网络安全法》第61条规定了网络运营者违反实名制要求的行政责任，电子商务平台经营者对平台内经营者未尽到资质资格审核义务，由有关主管部门责令改正；拒不改正或者情节严重的，处5万元以上50万元以下罚款，并可以由有关主管部门责令暂停相关业务、停业整顿、关闭网站、吊销相关业务许可证或者吊销营业执照，对直接负责的主管人员和其他直接责任人员处1万元以上10万元以下罚款。电子商务平台经营者未履行安全保障义务或者资质资格审核义务，经监管部门责令采取改正措施而拒不改正，致使消费者信息泄露并造成严重后果的，或者是导致刑事案件证据灭失且情节严重的，可依照《刑法》第286条之一的规定追究其刑事责任。

---

① 谢鸿飞．违反安保义务侵权补充责任的理论冲突与立法选择［J］．法学，2019（2）：42—58.

第二节　电子商务平台经营者的知识产权侵权责任

一、电子商务平台经营者的知识产权保护要求

电子商务法在平台经营者的章节规定了专门适用于电子商务平台的特殊知识产权保护制度，是对一般性的知识产权保护制度的补充。电子商务平台经营者通过建立知识产权保护规则、与权利人等各方合作实施平台内知识产权治理，以提高知识产权保护的效率。

（一）建立保护规则

《电子商务法》第41条规定，电子商务平台经营者应依法保护知识产权。因此，电子商务平台的知识产权保护规则应当符合相关知识产权法律、行政法规的规定。电子商务平台经营者应当遵循公开、公平、公正的原则，制定平台服务协议和交易规则，明确平台与其用户（经营者与消费者）的权利和义务。电子商务平台经营者依据平台服务协议和交易规则对平台内经营者违反法律、法规的行为实施警示、暂停或者终止服务等措施的，应当及时公示。

（二）与知识产权人合作

《电子商务法》第41条规定，电子商务平台经营者应当建立知识产权保护规则，与知识产权权利人加强合作。知识产权保护规则的特殊性在于，不仅平台内的知识产权人，而且平台外的知识产权人，对于规则的制定、修改与实施都有切身利益及参与的迫切需求。因此，平台经营者应当保障所有相关知识产权人（包括平台之外的知识产权人）参与知识产权保护规则的制定、修改与实施的途径与机会。对于平台外的知识产权人，平台经营者尤其应当创造条件使之在知识产权保护规则的制定中能够参与，修改中能够充分表达意见，实施中能够监督与反馈。平台经营者不应歧视平台外的知识产权人或者为其权利保护设置障碍。

（三）与有关各方合作

电子商务平台经营者在构建与实施知识产权保护规则之时，不仅应与知

识产权人加强合作，而且应与平台内经营者、消费者等其他利益相关方合作。利益有关各方共同参与制定实施有关的规则是互联网平台治理的本质特征。平台内经营者如能在知识产权保护规则的制定、修改和实施中参与发声，可以增强其对规则的认同感，从而提高规则实施的效率。平台的消费者参与规则的制定、修改和实施，可以使之更有效地免受假冒商品的损害。

此外，平台经营者还应在规则的构建中与相关执法机构加强合作，积极配合有关的执法活动。例如，有关主管部门依照法律、行政法规的规定要求电子商务经营者提供与知识产权执法有关的电子商务数据信息的，电子商务经营者应当提供。

总之，以知识产权保护规则为核心的平台知识产权治理系统需要知识产权人、平台内经营者与消费者等有关各方共同参与、共同构建，从而形成共管、共治与共赢的局面。

二、电子商务平台知识产权治理措施

依据电子商务法的规定，平台知识产权治理措施由知识产权人的通知、平台内经营者的声明、电子商务平台经营者采取的措施、信息公示几部分构成。

（一）知识产权人的通知

《电子商务法》第42条第1款规定，知识产权权利人认为其知识产权受到侵害的，有权向电子商务平台经营者发出通知，要求电子商务平台经营者采取删除、屏蔽、断开链接、终止交易和服务等必要措施。通知应当包括构成侵权的初步证据。

知识产权人发出通知是平台治理措施的第一步。电子商务法规定的知识产权人通知至少应当包括身份证明、知识产权权属证明、侵权初步证据、要求平台实施的措施、通知真实性的保证等内容。知识产权保护规则应对每项内容的要求加以明确与细化，并在自动信息系统的指令与程序之中予以体现，例如，如何证明知识产权人身份、何为侵权初步证据。

知识产权人发出通知，应当对其通知内容的真实性负责。知识产权人发出错误通知，给平台内经营者造成损害的，依法承担民事责任；如果知识产权人恶意发出错误通知，造成平台内经营者损失的，应加倍承担赔偿责任。加重责任的规定可以防止知识产权人滥用权利或者扰乱市场竞争秩序，强化知识产权人发出通知的责任感，有利于减少恶意通知、不实通知。

（二）电子商务平台经营者采取的措施

电子商务平台经营者收到知识产权人通知后，应对平台内相关经营者采取必要的措施。电子商务平台经营者接到知识产权人通知后，能够初步认定通知的真实性与主张的合法性的，应当依照通知要求对平台内相关经营者采取删除、屏蔽、断开链接、终止交易和服务等必要措施，并将该通知转送平台内经营者。

（三）电子商务平台内经营者的声明

《电子商务法》第43条规定，平台内经营者接到电子商务平台经营者转送的知识产权人的通知后，可以向电子商务平台经营者提交保证不存在侵权行为的声明。声明应当包括不存在侵权行为的初步证据。平台经营者接到平台内经营者的不侵权声明后，应当将该声明转送发出通知的知识产权权利人，并告知其可以向有关主管部门投诉或者向人民法院起诉；电子商务平台经营者在转送声明到达知识产权权利人后15日内，未收到权利人已经投诉或者起诉通知的，应当及时终止所采取的措施。

为了使平台治理措施与有关的诉讼、投诉机制相衔接，电子商务法规定了15日的缓冲期。在此期间，如果平台经营者得知知识产权人已经投诉或者起诉，为了避免终止治理措施造成有关证据灭失或者给知识产权人造成新的损害，删除、终止服务等治理措施将得以持续。如果缓冲期经过，平台经营者没有收到知识产权人投诉或者起诉通知的，治理措施终止，知识产权人不能再依赖于平台经营者所采用的措施。

如果知识产权人滥用权利，操纵15日的缓冲期，恶意通知投诉或者起诉，阻碍平台经营者及时终止所采取的知识产权治理措施的，故意损害平台内经营者合法的竞争利益，应当承担不正当竞争的法律责任，加倍赔偿平台内经营者遭受的损失。

（四）公示

电子商务平台经营者应当及时公示收到的知识产权人通知、平台内经营者的声明及处理结果。电子商务平台经营者公示有关的通知、声明及处理结果，是平台治理措施的重要组成部分，目的是保证平台治理的公开透明性，接受有关各方的监督，避免出现平台经营者收到通知、声明后予以隐匿，或者采取的措施不符合法律规定或者知识产权保护规则等情况。

三、电子商务平台经营者的侵权责任

电子商务法规定，平台经营者为平台内经营者的知识产权侵权行为承担过错责任，仅在“知道或者应当知道”的情况下方才承担责任。过错是该项责任制度的核心内容，起着安全阀的作用，保证该负责的负责、该免责的免责，直接决定平台经营者责任的成立和范围。

电子商务法规定的平台经营者的过错，分为两种情形。第一种是平台经营者有意为之、明知故犯的情形，即平台经营者明确知道平台内经营者的侵权行为，但不采取必要措施予以制止的，平台经营者应与侵权人承担连带责任。第二种是平台经营者应当注意到平台内经营者侵权行为的情形，即平台经营者“应当知道”平台内经营者的侵权行为，却视而不见、听之任之，不采取必要措施予以制止的，平台经营者也应与侵权人承担连带责任。电子商务平台内经营者销售盗版或者假冒商品的，就属于明显的侵权行为，平台经营者应当注意到。

电子商务法规定的平台经营者知识产权侵权责任制度与知识产权治理措施是两种并行的法律制度，各自有其构成要素与标准。过错是平台经营者侵权责任的核心要素。治理措施则有其自身的逻辑结构与程序安排。两相对比，平台经营者的侵权责任制度是更根本的制度，也是知识产权治理措施的外在压力与法律制约。平台经营者的治理措施则可以根据电子商务的发展不断调整与完善。两种法律制度既不能相互取代，也不应相互混淆。

总之，我国的平台知识产权保护制度既与侵权责任法等法律、行政法规的现行规定相协调，又丰富与发展了我国知识产权保护法律制度，使知识产权权利人、经营者等有关各方的合法权益均能在电子商务平台系统中获得更加均衡与有效的法律保障。

第八章　跨境电子商务

第一节　跨境电子商务概论

一、跨境电子商务的概念和特征

（一）跨境电子商务的概念

跨境电子商务是指跨越不同关境开展的电子商务活动。作为国际贸易活动的一种形式，其与其他国际贸易活动的根本区别在于其利用互联网等形式进行。世界海关组织《跨境电子商务标准框架》归纳了跨境电子商务的四个特征：（1）交易环节的线上化；（2）跨境的货物交易或运输；（3）交易标的为实物；（4）货物交付对象为消费者或购买者（包括为商业目的和非商业目的的购买）。[①]

（二）跨境电子商务的特征

与国内电子商务以及传统国际贸易相比，跨境电子商务具有以下特征。

第一，交易行为跨境。跨境电子商务通常是处于不同国家或地区的交易主体通过互联网达成交易的情况，典型形式主要是一国居民通过境外网站从外国购买商品。同时，跨境电子商务还包括交易双方跨境但标的交付不跨境、交易双方不跨境但标的交付跨境等情况。《浙江省跨境电子商务管理暂行办法》第 2 条第 1 款规定，跨

---

① Framework of Standards on Cross – Border E – Commerce，WCO 2018，Ch1.

境电子商务是指分属不同海关境域的交易主体，通过电子商务平台达成交易、进行支付结算，并通过跨境物流送达商品、完成交易的一种商务活动。该暂行办法规范的是狭义的跨境电子商务，即要求交易主体和商品交付均具有跨境要素。

第二，交易地域广泛。互联网让国际交流更便捷，使得跨境电子商务比传统国际贸易覆盖的地域更广泛。

第三，交易主体多元。传统国际贸易主要包括企业之间的交易以及企业和消费者的交易。跨境电子商务还包括许多自然人之间的交易，科技和网路的便利性使得商业贸易碎片化从而成为全民皆可参与的活动，自然人之间的“代购”则属典型。

第四，交易方式灵活。跨境电子商务在合同订立、资金结算、标的交付、纠纷处理等方面更加灵活，以满足跨境电子商务形式多元化的需要。

第五，商品和服务多样化。由于交易便捷和交易成本低廉，跨境电子商务不再局限于大宗交易，而是涵盖更加丰富多样的商品或服务以及单笔额度极小的交易，即低值贸易所占比例日益增加。

第六，监管难度较大。一方面，跨境电子商务具有虚拟性、交易数量大、交易分散等特点；另一方面，个人物品与货物越来越难以区分，监管难度较大。

二、跨境电子商务的分类

（一）跨境进口和跨境出口电子商务

以商品或服务流向为标准，跨境电子商务可以分为跨境电子商务进口和跨境电子商务出口。跨境电子商务进口，是指通过跨境电子商务进口商品或服务。跨境电子商务出口，是指通过跨境电子商务出口商品或服务。此种区分的意义在于：

第一，通常情况下，跨境电子商务进口不仅涉及海关监管，还涉及进口税费，因此监管任务较重；而跨境电子商务出口则属于需鼓励和促进的领域。

第二，由于本国跨境电子商务进口的进口商和跨境电子商务出口的出口商可以同时行使属人管辖权和属地管辖权，因而本国法律对其适用更容易。而境外电子商务参与者的法律适用问题则相对复杂。

（二）企业间、企业与消费者、自然人之间的跨境电子商务

根据参与主体不同，跨境电子商务可分为企业间跨境电子商务、企业与消费者跨境电子商务、自然人之间跨境电子商务。

企业间跨境电子商务（B2B）是指交易双方均为企业的跨境电子商务。企业间的贸易是传统国际贸易的主要形式；企业间跨境电子商务则是企业间在信息时代通过互联网进行线上产品展示和交易，而商品的交付等则是按照线下的一般贸易等方式完成，是传统企业间贸易在信息时代的新模式。

企业与消费者跨境电子商务是指企业直接与消费者进行跨境交易，典型模式为跨境电子商务平台通过互联网直接向全球各地的消费者销售商品。

自然人之间跨境电子商务是指交易双方均为自然人，境内消费者通过境外自然人代购商品也属于该范畴。

企业与消费者跨境电子商务、自然人之间跨境电子商务可以合称为跨境电子商务零售。

此类区分的意义在于，对于不同主体间的跨境电子商务，分别适用不同的监管政策和监管手段。企业间跨境电子商务本质上是传统大宗贸易在信息时代的延续，国家对传统贸易的监管制度也在该领域相应延续下来。例如，商务部等部门2013年联合出台的《关于实施支持跨境电子商务零售出口有关政策的意见》提出，我国出口企业与外国批发商和零售商通过互联网线上进行产品展示和交易，线下按一般贸易等方式完成的货物出口，即跨境电子商务的企业对企业出口，本质上仍属传统贸易，仍按照现行有关贸易政策执行。跨境电子商务零售具有参与主体多、交易频率高、单笔额度小等特征，对国家商品进出境海关监管与税务稽征提出了新的要求，需要探索更灵活和高效的模式以适应新的发展需要。

三、跨境电子商务和相关概念比较

严格意义上说，“海淘”和“代购”都不属于专有的法律概念。“海淘”

主要是指通过境外电子商务网站购买商品或服务。“代购”是指电子商务经营者接受消费者的订单后从境外购买商品转售给消费者的行为。“代购”主要分为三种：一是代购者与消费者处于同一关境，代购者到境外购物后携带商品至境内。二是代购者与消费者处于同一关境，代购者通过境外网站或境外他人在境外购买商品后在境内出售。三是代购者与消费者处于不同关境，代购者在境外购买商品后通过邮寄或其他方式销售给消费者。境内电商经营者在没有接受客户委托的情况下从境外进口商品后在境内转售的行为，不属于严格意义上的“代购”。

“海淘”是从消费者购买的角度进行界定，“代购”是从电子商务经营者销售的角度界定。有的“海淘”是消费者直接进行的，有的“海淘”是通过“代购”进行的。无论是哪种“海淘”模式，电子商务经营者都直接参与了跨境交易。“代购”模式下的“海淘”，如果代购者是境内的电商经营者，消费者并未直接参与跨境交易，而是由代购者与境外经营者进行交易，代购者与消费者的交易仍属于境内电子商务。

第二节　电子商务法与跨境电子商务

电子商务法对跨境电子商务问题的规定主要体现在以下几个方面：第一，关于适用范围。《电子商务法》第 2 条第 1 款规定：“中华人民共和国境内的电子商务活动，适用本法。”第二，关于跨境电子商务经营者的义务。《电子商务法》第 26 条规定：“电子商务经营者从事跨境电子商务，应当遵守进出口监督管理的法律、行政法规和国家有关规定。”第三，《电子商务法》第 71 条、第 72 条、第 73 条规定了跨境电子商务的鼓励和促进措施。

一、跨境的相关规定

如何理解《电子商务法》第 2 条中的“中华人民共和国境内的电子商务活动”，“境内”是要求交易双方都在境内，还是一方在境内或有关行为发生在境内即可？

《刑法》第 6 条第 1 款规定，凡在中华人民共和国领域内犯罪的，除法律有特别规定的以外，都适用本法。犯罪的行为或者结果有一项发生在中华人民共和国领域内的，就认为是在中国人民共和国领域内犯罪。

《网络安全法》第 2 条规定，在中华人民共和国境内建设、运营、维护和使用网络，以及网络安全的监督管理，适用本法。同时，规定了对境外违法行为的处置，该法第 5 条规定，国家采取措施，监测、防御、处置来源于中华人民共和国境内外的网络安全风险和威胁。该法第 50 条规定，对来源于中华人民共和国境外的违法信息，应当通知有关机构采取技术措施和其他必要措施阻断传播。该法第 75 条规定，境外的机构、组织、个人从事攻击、侵入、干扰、破坏等危害中华人民共和国的关键信息基础设施的活动，造成严重后果的，依法追究法律责任；国务院公安部门和有关部门可以决定对该机构、组织、个人采取冻结财产或者其他必要的制裁措施。总体上看，网络安全法也是从相对广义的角度界定“境内”的，一些违法行为虽然发生在境外，但针对的是我国的网络系统，结果发生地是在我国境内，该法对此也有针对性的规定。

境外国家和地区的立法经验中，有的则针对互联网跨境性的特点，对适用范围进行特殊规定。例如，为了保护本地区个人信息安全，欧盟《一般数据保护条例》不但适用于设立于欧盟的数据控制者或处理者，还适用于欧盟以外但对欧盟数据主体个人数据进行处理的数据控制者或处理者。

因此，对《电子商务法》第 2 条中的“境内”能否从广义理解，即交易主体之一或交易行为发生在我国境内，就可以认定是我国境内的电子商务活动，从而适用该法？电子商务法草案一审稿曾规定：“在中华人民共和国境内发生或者有境内电子商务经营主体、消费者参与的电子商务活动，适用本法。”但正式的法律文本并没有采纳这一方案。从立法过程及逻辑上看，《电子商务法》第 2 条规定的“境内”应当作狭义理解。

二、跨境电子商务的法律适用

第一，电子商务法中有明确针对跨境电子商务的规定，如第 26 条涉及准用性规范，即明确指明适用国家进出口监督管理的法律、行政法规和国家有关规定。又如《电子商务法》第71条、第72条和第73条，涉及国家针对跨境电子商务的促进政策，是依据其规定本身的内容适用于跨境电子商务。上述规定也当然适用于跨境电子商务，但属于衔接性规定，严格意义上并非电子商务法本身的适用问题。

第二，开展跨境电子商务活动的境内企业，包括我国境内的外资企业，尽管从事跨境业务，但属于我国境内的电子商务企业，其开展业务应当符合电子商务法的要求。

第三，境外电子商务经营者与我国企业、消费者开展跨境电子商务业务，在法律适用上比较复杂，需根据具体情况确定。一是相关行为在我国境内发生的，例如产品进口，涉及税收、产品质量、检验检疫等，适用我国法律。二是适用于电子商务经营者的一般性管理规定，以及不在或并非直接或主要在我国境内发生的法律关系（特别是境外电子商务经营者与消费者之间的民事法律关系），例如，电子商务法规定的电子商务经营者开具发票、在其首页显著位置持续公示相关信息、报送相关信息等义务，一般情况下不宜直接适用电子商务法的规定。当然，不直接适用电子商务法的规定，并不意味着无法有效保护境内消费者合法权益。一方面，境外企业所在地的部分国家和地区也有严格的监管制度；另一方面，我国也有相关的监管法律适用其他领域。例如，2018年发布的《关于完善跨境电子商务零售进口监管有关工作的通知》规定了境外跨境电子商务零售企业的义务。实践中，也存在境内企业利用法律适用的差异，在境外设立公司面向我国境内消费者开展电子商务业务，对此情形可以通过加强其他领域的监管，如进口产品质量，来有效保护消费者合法权益。

第四，跨境电子商务是国际贸易的组成部分，其交易法律关系构成涉外民事法律关系，存在依据我国涉外民事关系法律适用法、境外相关法律的规定或当事人的约定，在纠纷解决过程中适用我国电子商务法的情况。例如，产品责任可能适用被侵权人经常居所地法律、侵权人主营业地法律或损害发生地法律，合同责任可能适用交易一方当事人经常居所地法律或者其他与该合同有最密切联系的法律。

第三节 跨境电子商务经营者和服务者

一、跨境电子商务经营者

（一）跨境电子商务经营者的类型和特殊要求

根据电子商务法的规定，电子商务经营者包括自然人、法人和非法人组织，包括电子商务平台经营者、平台内经营者以及通过自建网站、其他网络服务销售商品或者提供服务的电子商务经营者。跨境电子商务经营者也包括上述几类。

跨境电子商务经营者需要具备一些特殊条件。2014 年海关总署发布的《关于跨境贸易电子商务进出境货物、物品有关监管事宜的公告》对跨境电子商务监管作了规定，例如，电子商务企业或个人开展跨境电子商务业务，需要接受海关监管。如需向海关办理报关业务，应按照海关对报关单位注册登记管理的相关规定，在海关办理注册登记。电子商务企业应将电子商务进出境货物、物品信息提前向海关备案。电子商务企业或个人、支付企业、物流企业应在电子商务进出境货物、物品申报前，分别向海关提交订单、支付、物流等信息。

（二）境外跨境电子商务零售企业和境内电子商务平台的特殊义务

2018 年发布的《关于完善跨境电子商务零售进口监管有关工作的通知》，规定了境外跨境电子商务零售企业和境内电商平台的义务。

自境外向境内消费者销售跨境电子商务零售进口商品的境外注册企业，为商品的货权所有人，其责任包括：商品质量安全主体责任、消费者权益保障责任、建立商品质量安全风险防控机制、建立健全网购保税进口商品质量追溯体系、向海关实时传输施加电子签名的跨境电子商务零售进口交易电子数据等。

境内跨境电子商务第三方平台经营者的责任包括：在境内办理工商登记

和海关注册登记，向海关实时传输施加电子签名的跨境电子商务零售进口交易电子数据，建立平台内交易规则、交易安全保障、消费者权益保护、不良信息处理等管理制度，平台入驻企业既有跨境电子商务企业也有国内电商企业的，应建立相互独立的区块或频道为跨境电子商务企业和国内电商企业提供平台服务，或以明显标识对跨境电子商务零售进口商品和非跨境商品予以区分，建立消费纠纷处理和消费维权自律制度，建立商品质量安全风险防控机制，建立防止跨境电子商务零售进口商品虚假交易及二次销售的风险控制体系，对平台内在售商品进行有效管理等。

二、跨境电子商务服务者

跨境电子商务服务者主要是指接受跨境电子商务企业委托为其提供支付、物流、申报等服务的企业，其直接向海关提供有关支付、物流和仓储信息。

（一）支付服务

2013年，国家外汇管理局综合司发布《支付机构跨境电子商务外汇支付业务试点指导意见》，对支付机构通过银行为小额电子商务（货物贸易或服务贸易）交易双方提供跨境互联网支付所涉的外汇资金集中收付及相关结售汇服务作了规定。

2018年海关总署发布的《关于规范跨境电子商务支付企业登记管理的公告》规定，跨境电子商务支付企业在向海关办理注册登记或信息登记手续时，应当提供跨境电子商务支付服务的银行机构的《金融许可证》资质；非银行支付机构应提交《支付业务许可证》，且支付业务范围应当包括“互联网支付”。

2019年，国家外汇管理局出台《支付机构外汇业务管理办法》，对支付机构通过合作银行为市场交易主体跨境交易提供的小额、快捷、便民的经常项下电子支付服务作了规定。

目前，我国共有30多个平台拥有跨境支付资格，支付业务覆盖40多个国家和地区。跨境电子支付还需要深化改革，包括壮大跨境电子支付机构、推广使用人民币结算、拓展境外业务、提高支付便捷性和安全性等。

（二）物流服务

跨境电子商务物流主要分为几类：一是国际邮政小包，通过万国邮政体系跨境邮寄物品。国际邮政小包费用低、邮寄范围广、通关效率高，但对单件物品规格和物品类型有明确限制，邮寄速度较慢。物品追踪体系不完善，只有挂号邮件才能查询在途情况，平邮物品无法查询。除了国际小包，邮政系统也有一些速度较快、邮寄物品较广泛的服务，如国际特快专递。二是快递公司提供的国际快递服务，速度快、可追踪性强，但是费用较高。三是国际物流专线，是物流公司针对特定线路开设的快递服务，速度介于邮政和国际快递服务之间，适合运送大批量货物。四是海外仓，即在境外销售地设立的仓库，货物从海外仓派送至消费者，比较便捷，但费用和管理风险较高。跨境电子商务物流需要加强协同和管理，在效率、安全和费用等方面继续改善，以满足跨境电子商务发展需要。

（三）申报服务

2018 年海关总署发布的《关于跨境电子商务零售进出口商品有关监管事宜的公告》规定了相关申报制度，主要有以下内容。

一是主体资格注册登记事项。跨境电子商务平台企业、物流企业、支付企业等参与跨境电子商务零售进口业务的企业，应当依据海关报关单位注册登记管理相关规定，向所在地海关办理注册登记；境外跨境电子商务企业应委托境内代理人（以下称跨境电子商务企业境内代理人）向该代理人所在地海关办理注册登记。

二是向海关传输相关信息。跨境电子商务零售进口、出口商品申报前，跨境电子商务平台企业、跨境电子商务企业、支付企业、物流企业等应当向海关传输交易、支付、物流等电子信息。

三是跨境电子商务零售商品进口时，跨境电子商务企业境内代理人或其委托的报关企业应提交《中华人民共和国海关跨境电子商务零售进出口商品申报清单》（以下简称《申报清单》），采取“清单核放”方式办理报关手续。跨境电子商务零售商品出口时，跨境电子商务企业或其代理人应提交《申报清单》，采取“清单核放、汇总申报”方式办理报关手续；跨境电子商务综合试验区内符合条件的跨境电子商务零售商品出口，可采取“清单核放、汇总统计”方式办理报关手续。

四是跨境电子商务零售商品出口后，跨境电子商务企业或其代理人应当于每月15日前，将上月结关的《申报清单》进行归并，汇总形成《中华人民共和国海关出口货物报关单》向海关申报。

五是在海关注册登记的跨境电子商务平台企业、物流企业或申报企业作为税款的代收代缴义务人，应当如实、准确地向海关申报跨境电子商务零售进口商品的商品名称、规格型号、税则号列、实际交易价格及相关费用等税收征管要素。

跨境电子商务申报事项种类多、专业性强、政策更新快，通常需要专门的申报服务方代为进行。

第四节　跨境电子商务监管

与传统货物贸易大多是企业间商事行为且多为大宗集中交易不同，跨境电子商务交易主体多样、标的复杂、数量巨大，同时要确保其符合国家各项法律法规，国家监管面临较大挑战。

一、进出境物品

（一）禁止和限制进出境物品

海关总署1993年发布的《中华人民共和国禁止进出境物品表》和《中华人民共和国限制进出境物品表》规定了禁止和限制进出境物品种类，跨境电子商务实践中，跨境电子商务经营者、消费者应当严格遵守国家关于禁止、限制进境物品的规定。

禁止进境物品包括：（1）各种武器、仿真武器、弹药及爆炸物品；（2）伪造的货币及伪造的有价证券；（3）对中国政治、经济、文化、道德有害的印刷品、胶卷、照片、唱片、影片、录音带、录像带、激光视盘、计算机存储介质及其他物品；（4）各种烈性毒药；（5）鸦片、吗啡、海洛因、大麻以及其他能使人成瘾的麻醉品、精神药物；（6）带有危险性病菌、害虫及其他有害生物的动物、植物及其产品；（7）有碍人畜健康的、来自疫区的以及其他能传播疾病的食品、药品或其他物品。

禁止出境物品包括：（1）列入禁止进境范围的所有物品；（2）内容涉及国家秘密的手稿、印刷品、胶卷、照片、唱片、影片、录音带、录像带、激光视盘、计算机存储介质及其他物品；（3）珍贵文物及其他禁止出境的文物；（4）濒危的和珍贵的动物、植物（均含标本）及其种子和繁殖材料。

限制进境物品包括：（1）无线电收发信机、通信保密机；（2）烟、酒；（3）濒危的和珍贵的动物、植物（均含标本）及其种子和繁殖材料；（4）国家货币；（5）海关限制进境的其他物品。

限制出境物品包括：（1）金银等贵重金属及其制品；（2）国家货币；（3）外币及其有价证券；（4）无线电收发信机、通信保密机；（5）贵重中药材；（6）一般文物；（7）海关限制出境的其他物品。

列入《危险化学品目录》《剧毒化学品目录》《易制毒化学品的分类和品种目录》《中国严格限制进出口的有毒化学品目录》和《危险货物品名表》的物品；可能危及公共安全的核生化等涉恐及放射性等产品；废旧物品；法律法规禁止进境的其他产品和海关总署公告禁止进境的产品，均禁止以跨境电子商务形式入境。

（二）跨境电子商务零售进口商品清单

除国家一般的禁止和限制进出境物品制度，我国实行“跨境电子商务零售进口商品清单”制度。根据2016年财政部、海关总署、国家税务总局发布的《关于跨境电子商务零售进口税收政策的通知》的规定，对《跨境电子商务零售进口商品清单》范围内的相关商品适用跨境电子商务综合税。2016年，多部门先后联合发布了《跨境电子商务零售进口商品清单》《跨境电子商务零售进口商品清单（第二批）》。2018年发布了《跨境电子商务零售进口商品清单（2018年版）》。

在实践中，“白名单”制度存在不利于灵活适应跨境电子商务实践发展需要的缺陷。因此，“负面清单”制度也成为跨境电子商务零售进口的发展方向，即“负面清单”以外的商品均适用跨境电子商务零售进口特别税收制度。

二、产品安全

我国许多法律对产品安全作了规定，例如，产品质量法规定产品或者其包装上需要用中文标识产品名称、生产厂厂名和厂址等事项。食品安全法规定进口尚无食品安全国家标准的食品，由境外出口商、境外生产企业或者其委托的进口商向国务院卫生行政部门提交所执行的相关国家（地区）标准或者国际标准。境外出口商、境外生产企业应当保证向我国出口的食品、食品添加剂、食品相关产品符合本法以及我国其他有关法律、行政法规的规定和食品安全国家标准的要求，并对标签、说明书的内容负责。

现有进出口物品监管的规定是基于传统企业间贸易模式的制度安排，跨境电子商务中有跨境电子商务平台参与的情况也可适用，同时可以通过跨境电子商务平台渠道加强产品安全监管。但是，跨境电子商务中的“海淘”“代购”多是通过境外个人或小企业直接将境外商品邮寄给境内消费者，缺乏境外大型出口商、境外生产企业的参与，不存在进口商环节，中文标签制度以及出口商、进口商对质量负责制度等都难以落实，需要针对这种情况制定灵活性、有针对性的政策。

《国家质量监督检验检疫总局〈政府信息公开告知书〉》（〔2016〕56号）区分了贸易进口与境外“海淘”“代购”入境物品的监管。该通知指出，经一般贸易途径进口，且经过检验检疫机构检验监管的进口婴幼儿配方乳粉均应在其产品包装上印制中文标签。通过邮寄、快件（如海淘、代购等跨境电子商务渠道）入境的婴幼儿配方乳粉则不一定有中文标签。奶粉不属于《中华人民共和国禁止携带、邮寄进境的动植物及其产品名录》所列范畴，经邮寄途径进境的奶粉，如在合理自用范围内，认定为自用物品，没有在其产品包装上印制中文标签的要求；如超出合理自用范围，认定为货物，应当按照货物办理相关检验检疫手续并在其产品包装上印制中文标签。因此，仅凭产品包装上是否有中文标签无法判定产品是否属于假冒伪劣产品。

司法实践对“海淘”“代购”商品缺乏中文标签的民事责任存在不一致的观点，但许多案件判决“代购”商品没有中文标签的，不承担相应的责任。在杨某与鲍雪芹网络购物合同纠纷案中（〔2017〕沪02民终7980号），法院认为，消费者在购买代购食品时已明确知道食品是在国外制造形成并“转卖”至国内，且对食品的相关信息也有充足认知，应认定其对商品无中文标签是有预期的，不存在被误导消费的情形。且消费者无相关证据证明购买食品存在对人体健康构成危害的事实，其主张十倍赔偿，法院不予支持。在胡某洋与广州市白云区新市贝必佳孕婴用品店、广州市白云区新市贝比佳儿婴童用品店产品责任纠纷案（〔2017〕粤01民终349号）中法院认为，卖家无证据证明存在代购关系的，不能认定消费者购买的产品属于代购产品，卖家将产品销售，属于一般贸易商品，包装上应有中文标签，卖家不能提供相关证据证明产品合法来源的，应承担十倍赔偿金的责任。

尽管行政执法和部分司法判决对“海淘”“代购”采取了相对宽松的标准，但从国家监管层面，需要通过完善机制、创新技术等途径，确保跨境电子商务产品安全可控。

三、跨境消费者权益保护

跨境电子商务中消费者维权存在以下几个方面的困难：一是沟通难。囿于语言等因素，和境外电商经营者沟通存在困难。二是成本高。商品的退货、维修等需要支付较高的物流成本和时间成本。三是执行难。由于本国管辖受到限制，对境外电商经营者缺乏有效执法手段。

（一）境外跨境电子商务企业

2018年发布的《关于完善跨境电子商务零售进口监管有关工作的通知》，主要是通过规定电子商务企业的责任加强了对消费者的保护。境外跨境电子商务企业的消费者保护责任包括以下几个方面。

第一，承担包括但不限于商品信息披露、提供商品退换货服务、建立不合格或缺陷商品召回制度、对商品质量侵害消费者权益的赔付责任等。

第二，当发现相关商品存在质量安全风险或发生质量安全问题时，应立即停止销售，召回已销售商品并妥善处理，防止其再次流入市场，并及时将召回和处理情况向海关等监管部门报告。

第三，履行对消费者的提醒告知义务，会同跨境电子商务平台在商品订购网页或其他醒目位置向消费者提供风险告知书，消费者确认同意后方可下单购买。其中，告知书应至少包含以下内容：（1）相关商品符合原产地有关质量、安全、卫生、环保、标识等标准或技术规范要求，但可能与我国标准存在差异。消费者自行承担相关风险；（2）相关商品直接购自境外，可能无中文标签，消费者可通过网站查看商品中文电子标签；（3）消费者购买的商品仅限个人自用，不得再次销售。

（二）境内跨境电子商务平台

境内跨境电子商务平台的消费者保护责任包括以下几个方面。

第一，对申请入驻平台的跨境电子商务企业进行主体身份真实性审核，在网站公示主体身份信息和消费者评价、投诉信息，并向监管部门提供平台入驻商家等信息。

第二，对平台入驻企业既有跨境电子商务企业，也有国内电商企业的，应建立相互独立的区块或频道为跨境电子商务企业和国内电商企业提供平台服务，或以明显标识对跨境电子商务零售进口商品和非跨境商品予以区分，避免误导消费者。

第三，建立消费纠纷处理和消费维权自律制度，消费者在平台内购买商品，其合法权益受到损害时，平台须积极协助消费者维护自身合法权益，并履行先行赔付责任。

第五节　跨境电子商务税制

一、货物税和行邮税

根据消费课税的一般理论，进口征税、出口退免税是各国的通例。基于征税对象是否具有贸易的属性，进口方面的税收主要是货物税和行邮税。货物税针对进口货物；行邮税针对进口物品，包括入境旅客行李和进口的邮递物品。

货物税主要表现为关税和进口环节税（进口环节增值税、消费税）。其中增值税、消费税的税目、税率与境内销售的货物保持一致。

对于行李物品，根据海关总署2010年第54号公告《关于进境旅客所携行李物品验放标准有关事宜》的规定，进境居民旅客携带在境外获取的个人自用进境物品，总值在5000元人民币以内（含5000元）的；非居民旅客携带拟留在中国境内的个人自用进境物品，总值在2000元人民币以内（含2000元）的，海关予以免税放行，单一品种限自用、合理数量，但烟草制品、酒精制品以及国家规定应当征税的20种商品等另按有关规定办理。

对于邮寄物品，根据海关总署2010年第43号公告《关于调整进出境个人邮递物品管理措施有关事宜》的规定，个人邮寄进境物品，海关依法征收进口税，但应征进口税税额在人民币50元（含50元）以下的，海关予以免征。个人寄自或寄往港、澳、台地区的物品，每次限值为800元人民币；寄自或寄往其他国家和地区的物品，每次限值为1000元人民币。

在货物税和行邮税的传统模式下，一方面，境内跨境电子商务企业如果进口货物后再销售，在进口商承担关税和进口环节税收之后，境内的销售部分仍需按照传统贸易模式缴纳境内增值税、消费税；另一方面，境外电子商务网站通过邮寄方式销售货物，或者代购者通过旅客携带货物入境后再销售，往往缴纳行邮税，由于免征额等优惠和行邮税存在抽检比例，其税负成本往往低于缴纳相关货物税的境内跨境电子商务企业，导致后者缺乏竞争力。

二、跨境电子商务行邮税

为解决境内跨境电子商务税收成本高的问题，海关总署2013年发布《关于跨境贸易电子商务服务试点网购保税进口模式有关问题的通知》，该通知确定在部分地区试点实行个人生活消费品参照行邮税税率计征税款的措施。即在试点范围内，通过境内跨境电子商务企业购买个人生活消费品，以电子订单的实际销售价格作为完税价格，参照行邮税税率计征税款。应征进口税税额在人民币50元（含50元）以下的，海关予以免征。实践中境内跨境电子商务企业是通过保税进口（也称保税备货）的办法进行操作，境内跨境电子商务从境外购买货物进入保税区，不缴纳货物税，待消费者下单后，货物从保税区邮寄给消费者，国家征收行邮税。

对境内跨境电子商务适用行邮税，有利于降低境内跨境电子商务的成本，一些非试点地方也变相通过这种方式开展跨境电子商务业务，导致市场秩序混乱。2015年，海关总署发布《关于加强跨境电子商务网购保税进口监管工作的函》，强调跨境保税进口必须在试点地区的海关特殊监管区域或保税物流中心展开，不得将政策扩大化。

三、跨境电子商务综合税

对境内跨境电子商务实行行邮税，虽然有利于跨境电子商务的发展和满足消费者实际需要，但形式上与行邮税的制度逻辑不相符。为营造公平竞争的市场环境，促进跨境电子商务零售进口健康发展，2016年，财政部、海关总署和国家税务总局联合发布《关于跨境电子商务零售进口税收政策的通知》，对跨境电子商务零售（企业对消费者）进口税收实行跨境电子商务综合税。跨境电子商务零售进口商品按照货物征收关税和进口环节增值税、消费税。跨境电子商务零售进口商品的单次交易限值为人民币2000元，个人年度交易限值为人民币2万元。在限值以内进口的跨境电子商务零售进口商品，关税税率暂设为0；进口环节增值税、消费税按法定应纳税额的70%征收。

2018年，财政部、海关总署、税务总局发布《关于完善跨境电子商务零售进口税收政策的通知》，自2019年1月1日起，将跨境电子商务零售进口商品的单次交易限值由人民币2000元提高至5000元，年度交易限值由人民币2万元提高至2.6万元。

四、货物税、行邮税和跨境电子商务综合税的关系

一是适用范围不同。货物税和跨境电子商务综合税均针对进口货物，然而前者是针对企业进口并再行销售的货物，后者是针对境外企业通过平台向

境内零售进口。行邮税则是针对物品进口的征税，包括旅客行李物品、个人邮递物品及其他个人自用物品。

二是纳税义务人不同。货物税的纳税主体是进口企业；行邮税的纳税义务人是携带物品进境的入境人员、进境邮递物品的收件人，以及以其他方式进口物品的收件人；跨境电子商务综合税的纳税义务人是购买跨境电子商务零售进口商品的个人，电子商务企业、电子商务交易平台企业或物流企业可作为代收代缴义务人。

三是税率和征收政策不同。行邮税、跨境电子商务综合税的税率低于货物税税率。个人邮寄进境物品应征进口税税额在人民币50元（含50元）以下的，海关予以免征。限值以内的跨境电子商务综合税的关税税率暂设为0，进口环节增值税、消费税适用法定税率的70%。

五、跨境电子商务中的税务违法行为

行邮税和跨境电子商务综合税中存在对特定额度商品的税收优惠政策，作为针对居民现实消费需要而制定的区别于商贸活动的税收优惠政策，在实践中存在滥用。比较普遍的有两种情况：一是跨境电子商务经营者特别是代购者，利用行邮税免税优惠、税率低，以及海关监管难以完全覆盖的特点，邮寄或携带超出合理数量的物品，不主动申报，尽可能少缴或不缴税款。二是“刷单”，即跨境电子商务经营者利用收集来的消费者信息，通过虚构零售的方式偷逃税款，将大宗货物从境外“化整为零”地邮寄或转运至境内销售。

《刑法》第154条规定，未经海关许可并且未补缴应纳税额，擅自将特定减税、免税进口的货物、物品在境内销售的，构成走私普通货物、物品罪。《刑法》第155条规定，直接向走私人非法收购国家禁止进口物品，或直接向走私人非法收购走私进口的其他货物、物品，数额较大的，以走私罪论处。《刑法》第156条规定，与走私犯通谋，为其提供贷款、资金、账号、发票、证明，或者为其提供运输、保管、邮寄或者其他方便的，以走私罪的共犯论处。根据上述规定，不但电子商务经营者的行为可能构成走私罪，电子商务服务者、消费者的行为也可能构成走私罪。

第六节　跨境电子商务促进措施

一、基本框架

跨境电子商务是国家经济的重要组成部分，2018 年全国海关通过系统验放的进出口商品达到 1347 亿元。随着跨境电子商务的高速、深入发展，传统国际贸易下的海关、税收、金融、物流等制度和实践难以满足跨境电子商务的需要。近年来，我国出台《关于大力发展电子商务加快培育经济新动力的意见》《关于积极推进“互联网 +”行动的指导意见》《关于促进跨境电子商务健康快速发展的指导意见》《关于促进外贸回稳向好的若干意见》等文件，促进了跨境电子商务发展。

近年来，我国针对跨境电子商务中存在的问题推动改革试点工作。2012 年至 2018 年，国家有关部门先后确定郑州等 30 多个城市作为“跨境贸易电子商务进口服务试点”，探索建立高效的跨境电子商务综合服务系统等，提高通关、支付等效率。2015 年至 2018 年，国务院先后三次共批复杭州等 30 多个城市设立“跨境电子商务综合试验区”，完善跨境电子商务交易、支付、物流、通关、退税、结汇等环节的技术标准、业务流程、监管模式和信息化建设，简化流程、精简审批，完善通关一体化、信息共享等配套政策，推动国际贸易自由化、便利化和业态创新。

电子商务法规定了对跨境电子商务的促进制度。《电子商务法》第 71 条规定，国家建立健全适应跨境电子商务特点的海关、税收、进出境检验检疫、支付结算等管理制度，提高跨境电子商务各环节便利化水平。该法第 72 条规定，国家进出口管理部门应当推进跨境电子商务海关申报、纳税、检验检疫等环节的综合服务和监管体系建设，优化监管流程，推动实现信息共享、监管互认、执法互助，提高跨境电子商务服务和监管效率。跨境电子商务经营者可以凭电子单证向国家进出口管理部门办理有关手续。该法第 73 条规定，国家推动建立与不同国家、地区之间跨境电子商务的交流合作，参与电子商务国际规则的制定，促进电子签名、电子身份等国际互认。国家推动建立与不同国家、地区之间的跨境电子商务争议解决机制。

二、中小跨境电子商务企业的“无票免税”优惠政策

“无票免税”政策最早在2015年杭州跨境电子商务综合试验区（以下简称杭州综试区）首次提出。原因在于，部分中小跨境电子商务企业采购货物用于出口时，在取得合法有效进货凭证方面存在一定难度，因此只能按内销征税，增加了跨境电子商务的赋税负担。

后经过财政部和税务总局批准，杭州市国税部门创新推出一定条件下的“无票免税”。具体规定为：对跨境电子商务综合试验区出口企业出口未取得有效进货凭证的货物，同时符合一定条件的，试行增值税、消费税免税政策。

“无票免税”政策在杭州综试区试行了三年，获得了非常好的效果。2018年9月28日，财政部、税务总局、商务部和海关总署联合发布《关于跨境电子商务综合试验区零售出口货物税收政策的通知》为进一步促进跨境电子商务健康快速发展，培育贸易新业态、新模式，对综试区电子商务出口企业出口未取得有效进货凭证的货物，同时符合下列条件的，试行增值税、消费税免税政策：（1）电子商务出口企业在综试区注册，并在注册地跨境电子商务线上综合服务平台登记出口日期、货物名称、计量单位、数量、单价、金额。（2）出口货物通过综试区所在地海关办理电子商务出口申报手续。（3）出口货物不属于财政部和税务总局根据国务院决定明确取消出口退（免）税的货物。

2019年7月3日，国务院总理李克强主持召开国务院常务会议，部署完善跨境电子商务等新业态促进政策。会议指出将再增加一批试点城市，要求落实对跨境电子商务零售出口的“无票免税”政策。

第九章　电子商务监督管理

第一节　监督管理体制

一、电子商务监督管理的体制

监督管理体制是履行政府监管职能的机构设置、管理权限划分及其相互关系的组织结构与制度。目前，我国中央政府参与电子商务监管的部门主要是国家发展和改革委员会、工业和信息化部、公安部、财政部、交通运输部、商务部、文化和旅游部、中国人民银行、国家市场监督管理总局、国家互联网信息办公室、国家税务总局、海关总署、国家邮政局等部门。上述部门按照各自职责，以电子商务整个流程中的若干环节或具体电子商务行为为落脚点，单独或者与其他部门配合开展电子商务发展促进、监督管理工作。考虑到各地方电子商务发展的水平不一致，地方各级人民政府可以单独设置电子商务主管部门，或者授权某一部门或者多个部门行使电子商务的监督管理权力。①

上述监管模式称之为“分工共管模式”，并在电子商务法中予以确认，《电子商务法》第6条规定，国务院有关部门按照职责分工负责电子商务发展促进、监督管理等工作。县级以上地方各级人民政府可以根据本行政区域的实际情况，确定本行政区域内电子商

① 电子商务法起草组．中华人民共和国电子商务法条文释义［M］．北京：法律出版社，2018：39.

务的部门职责划分。之所以如此，是因为电子商务并没有改变商业的本质，改变的只是形式，是量变而非质变，我国现有的对商业的行政监管机制仍可以在一定程度上延伸并适用于电子商务领域。“分工”是因为电子商务涉及广告发布、合同成立、电子支付、快递物流等诸多环节，不易也无法由统一的部门进行监管。国外的一些做法也印证了“分工”的必要性和可行性。美国政府对电子商务进行监管主要在反垄断与反不正当竞争、广告监督管理、期货市场、证券市场上，具体监管部门有司法部的反托拉斯局和联邦贸易委员会。英国电子商务监管部门包括公平交易办公室、商业创新与技能部和交易标准办公室，此外还有专业机构对水电供应等服务领域进行监管。[①] “分工”可以充分发挥各部门的专业性和技术性优势，着眼于电子商务具体的行为，有利于提升监管效率。

二、电子商务监督管理部门的职责

电子商务涉及广告发布、合同成立、电子支付、快递物流等诸多环节，现实状况难以由统一的部门进行监管，因此电子商务法规定国务院有关部门按照各自职责分别负责电子商务发展促进、监督管理等工作。依照国务院“三定”方案的规定，各有关部门的职责如下。[②]

（一）国家发展和改革委员会

国家发展和改革委员会负责拟订电子商务产业政策，协调电子商务产业发展的重大问题并衔接平衡相关发展规划和重大决策，拟订现代物流业发展战略、规划，组织拟订与电子商务相关的高新技术产业发展、产业技术进步的战略、规划和重大政策。

（二）工业和信息化部

工业和信息化部负责制定并组织实施工业、通信业的行业规划、计划和产业政策，统筹推进国家信息化工作，组织制定相关政策并协调信息化建设

① 李成军．英国电子商务监管和消费者保护［J］．中国工商管理研究，2012（2）：41—44.

② 电子商务法起草组．中华人民共和国电子商务法解读［M］．北京：中国法制出版社，2018：45—47.

中的重大问题，推进跨行业、跨部门的互联互通和重要信息资源的开发利用、共享，承担通信网络安全及相关信息安全管理的责任，负责协调维护国家信息安全和国家信息安全保障体系建设，指导监督政府部门、重点行业的重要信息系统与基础信息网络的安全保障工作，协调处理网络与信息安全的重大事件。

（三）商务部

商务部负责推动流通产业结构调整，推动流通标准化和连锁经营、商业特许经营、物流配送、电子商务等现代流通方式的发展，牵头协调整顿和规范市场经济秩序工作，拟订规范市场运行、流通秩序的政策，推动商务领域信用建设，指导商业信用销售，建立市场诚信公共服务平台，按有关规定对特殊流通行业进行监督管理，制定进出口商品、加工贸易管理办法和进出口管理商品、技术目录，拟订并执行对外技术贸易、进出口管制以及鼓励技术和成套设备进出口的贸易政策，推进进出口贸易标准化工作，依法监督技术引进、设备进口、国家限制出口技术的工作，牵头拟订服务贸易发展规划并开展相关工作，会同有关部门制定促进服务出口和服务外包发展的规划、政策并组织实施，推动服务外包平台建设，依法对经营者集中行为进行反垄断审查等。

（四）中国人民银行

中国人民银行的主要职责是起草有关法律和行政法规草案，完善有关金融机构运行规则，发布与履行职责有关的命令和规章，组织制定金融业信息化发展规划，负责金融标准化的组织管理协调工作，指导金融业信息安全工作，制定全国支付体系发展规划，统筹协调全国支付体系建设，会同有关部门制定支付结算规则，负责全国支付、清算系统的正常运行，管理征信业，推动建立社会信用体系。

（五）国家市场监督管理总局

国家市场监督管理总局负责市场综合监督管理，规范和维护市场秩序，营造诚实守信、公平竞争的市场环境；负责市场主体统一登记注册；负责反垄断统一执法；负责监督管理市场秩序。依法监督管理市场交易、网络商品交易及有关服务的行为。组织指导查处价格收费违法违规、不正当竞争、违法直销、传销、侵犯商标专利知识产权和制售假冒伪劣行为。指导广告业发展，监督管理广告活动。指导查处无照生产经营和相关无证生产经营行为。

（六）国家互联网信息办公室

国家互联网信息办公室的主要职责是落实互联网信息传播方针政策和推动互联网信息传播法制建设，指导、协调、督促有关部门加强互联网信息内容管理。

（七）海关总署

海关总署的基本职责是进出境监管、征收关税和其他税费、查缉走私、编制海关统计，并承担口岸管理、保税监管、海关稽查、知识产权海关保护、国际海关合作等职责，第十三届全国人大第一次会议审议通过的《国务院机构改革方案》明确“原国家质量监督检验检疫总局的出入境检验检疫管理职责和队伍划入海关总署”，目前转隶组建正式完成，机构职能、组织机构相关信息待新“三定”方案后公布。

（八）国家邮政局

国家邮政局负责快递等邮政业务的市场准入，依法监管邮政市场，负责邮政行业安全生产监管，负责邮政行业运行安全的监测、预警和应急管理，保障邮政通信与信息安全，依法监督邮政行业服务质量。

第二节　协同管理与市场共治

电子商务跨行业、跨领域的特征，决定了需要多个部门进行监督管理。为防止出现有利益相互争抢、无利益互相推脱的局面，促进和保障电子商务协调发展，需要各有关部门之间协同以弥补监管漏洞、提升监管效率，所以电子商务法明确建立“电子商务的协同管理体系”。同时，根据电子商务发展的需要，本法确定了共管共治的电子商务市场治理体系。

一、电子商务协同管理体系

电子商务跨地域、跨行业的特定，决定了在分工的基础上，各部门之间以及各部门的上下级之间应进行信息共享、加强协作，提升监管效率和监管效果，共同推进电子商务健康发展。

（一）电子商务发展部际综合协调工作组

2016 年我国成立由国家发展和改革委员会、中共中央网络安全和信息化委员会办公室、商务部等 32 个部门组成的电子商务发展部际综合协调工作组，统筹协调解决我国电子商务发展过程中出现的重大问题。

电子商务发展部际综合协调工作组的成立，是我国电子商务领域特别是电子商务监管领域的一次有益尝试，意味着我国电子商务监管由原来的“分工共管”转变为“分工监管与综合协调相结合”的模式，这在一定程度上避免了分工共管模式的弊端。有观点认为，在确立一个综合协调机构负责建立健全跨部门工作协调机制，明确各自分工的基础上，有必要确定一个一般监管机构：应明确工商行政管理部门作为电子商务交易的一般监督管理部门和跨部门监管的协调部门，理由是国家工商行政管理总局是主管市场监督管理和有关行政执法工作的正部级国务院直属机构，既是经济监督机关，也是行政执法机关。在具体的监管工作中，凡是法律和国务院没有明确规定出其他部门行使的职责，都由工商部门负责监管。①

我们认为，目前亟待解决的问题是在电子商务法中明确统筹协调部门，而非确立一个一般监管机构。《国务院关于大力发展电子商务加快培育经济新动力的意见》提出，对电子商务应积极推动、逐步规范、加强引导。简政放权与放管结合是辩证统一体，两者同时进行并相互配合才能实现逐步规范。简政放权的“放”是最大限度减少对电子商务市场的行政干预，放宽市场准入，但不能只放不管，不能因为简政放权而忽视对电子商务各种违法行为的监管，特别是对扰乱电子商务秩序和侵害消费者合法权益的行为，要出重拳。

① 吕来明，董玫．我国电子商务监管体制改革思路及立法建议［J］．中国工商管理研究，2015（2）：17—21.

在此意义上，“最小干预”不仅要减少不必要的干预，更重要的是“科学干预、有效干预”。明确统筹协调部门，是“科学干预、有效干预”的前提，其意义在于提升监管效率，弥补监管漏洞。

（二）电子商务跨部门协调联动机制

根据2018年《国务院机构改革方案》，将国家工商行政管理总局的职责并入新组建的国家市场监督管理总局。根据中国共产党第十九届中央委员会第三次全体会议审议通过的《中共中央关于深化党和国家机构改革的决定》《深化党和国家机构改革方案》和第十三届全国人民代表大会第一次会议批准的《国务院机构改革方案》制定的《国家市场监督管理总局三定方案》明确了市场监督管理部门与有关部门的跨部门协调联动机制。①

1. 公安部

国家市场监督管理总局与公安部建立行政执法和刑事司法工作衔接机制。市场监督管理部门发现违法行为涉嫌犯罪的，应当按照有关规定及时移送公安机关，公安机关应当迅速进行审查，并依法作出立案或者不予立案的决定。公安机关依法提请市场监督管理部门作出检验、鉴定、认定等协助的，市场监督管理部门应当予以协助。

2. 农业农村部

两部门要建立食品安全产地准出、市场准入和追溯机制，加强协调配合和工作衔接，形成监管合力。

3. 国家卫生健康委员会

国家卫生健康委员会负责食品安全风险评估工作，会同国家市场监督管理总局等部门制定、实施食品安全风险监测计划。国家卫生健康委员会对通过食品安全风险监测或者接到举报发现食品可能存在安全隐患的，应当立即组织进行检查和食品安全风险评估，并及时向国家市场监督管理总局通报食品安全风险评估结果，对于得出不安全结论的食品，国家市场监督管理总局应当立即采取措施。国家市场监督管理总局在监督管理工作中发现需要进行食品安全风险评估的，应当及时向国家卫生健康委员会提出建议。

---

① 电子商务法起草组．中华人民共和国电子商务法条文释义［M］．北京：法律出版社，2018：42—43.

4. 海关总署

两部门要建立机制，避免对各类进出口商品和进出口食品、化妆品进行重复检验、重复收费、重复处罚，减轻企业负担。海关总署负责进口食品安全监督管理。进口的食品以及食品相关产品应当符合我国食品安全国家标准。境外发生的食品安全事件可能对我国境内造成影响，或者在进口食品中发现严重食品安全问题的，海关总署应当及时采取风险预警或者控制措施，并向国家市场监督管理总局通报，国家市场监督管理总局应当及时采取相应措施。

两部门要建立进口产品缺陷信息通报和协作机制。海关总署在口岸检验监督中发现不合格或者存在安全隐患的进口商品，依法实施技术处理、退运、销毁，并向国家市场监督管理总局通报。国家市场监督管理总局统一管理缺陷产品召回工作，通过消费者报告、事故调查、伤害监测等获知进口产品存在缺陷的，依法实施召回措施；对拒不履行召回义务的，国家市场监督管理总局向海关总署通报，由海关总署依法采取相应措施。

5. 国家知识产权局

国家知识产权局负责对商标专利执法工作的业务指导，制定并指导实施商品商标权、专利权确权和侵权判断标准，制定商标专利执法的检验、鉴定和其他相关标准，建立机制，做好政策标准衔接和信息通报等工作。国家市场监督管理总局负责组织指导商标专利执法工作。

二、共管共治

共管共治是互联网治理理念在电子商务领域的具体体现。互联网治理是指为了保障网络安全，促进网络发展和应用，由政府部门、社会组织、企业和社会公众等利益相关方共同制定网络社会的基本规则，以保障国家安全，维护各主体的合法权益，公平地占有和使用网络资源，共享网络发展带来利益的过程。互联网治理的基本原则是多方共治。电子商务的跨国性、纠纷的多样性决定了仅靠某个机构或某个国家是无法解决的。只有多方面共同努力，才有可能化解问题或将损害降至最低程度。以电子商务纠纷为例，除诉讼和仲裁外，应充分发挥独立的第三方调解的作用，以节约有限的司法资源，降低纠纷解决的成本。

电子商务领域的共管共治具体内容包括：（1）加强各级政府部门、行业协会与各类电子商务企业、研究院所等社会团体的合作，共同促进电子商务持续健康发展；（2）政府有关部门依照其职责对电子商务市场进行监管，维护电子商务市场秩序；（3）电子商务行业组织依照其章程提供服务并约束其会员的行为，加强行业自律；（4）电子商务经营者特别是电子商务平台经营者通过制定交易规则和信用管理制度，实现对电子商务交易当事人的管理和约束；（5）消费者组织对消费者进行电子商务交易安全的宣传教育，并按照消费者权益保护法的规定维护电子商务消费者的合法权益。①

第三节　创新监管方式

发展是目的，规范是保障。应通过创新监管方式规范发展。电子商务的商业模式在不断创新，各种违法犯罪行为也具备了互联网的“基因”并伴随商业模式创新而出现了诸多新形式，如“1 元商品”骗取个人信息、刷单、职业差评师。电子商务行业之所以如此乱象丛生，投诉频发，主要原因是行业违法成本太低。违法成本既包括经济成本，如损害赔偿责任以及行政处罚中的罚款，也包括“信誉”处罚。目前执法部门采用较多的是经济处罚，而在国外运行多年并证明是行之有效的信誉处罚方式，在电子商务领域尚未在全国范围内推行。

一、电子商务行业诚信体系建设现状

《国务院关于大力发展电子商务加快培育经济新动力的意见》提出健全网络交易失信惩戒制度，依托全国信用信息共享平台，推动信用信息互联共享，完善政府与社会联动的电子商务平台治理机制。2016 年 12 月 30 日，国家发展和改革委员会、中国人民银行、中共中央网络安全和信息化委员会办公室等联合发布《关于全面加强电子商务领域诚信建设的指导意见》，该指

① 电子商务法起草组. 中华人民共和国电子商务法解读［M］. 北京，中国法制出版社，2018：53.

导意见在分析信用体系建设重要性的基础上，提出电子商务信用体系建设的指导思想、基本原则和具体措施，从电子商务全流程信用建设（建立实名登记和认证制度、完善网络交易信用评价体系、加强网络支付管理、建立寄递物流信用体系、强化消费者权益保障措施）、电子商务信用信息共建共享（建立健全信用记录、建立事前信用承诺制度、建立产品信息溯源制度、推动建立线上线下信用信息共享机制）、实施电子商务信用监管（加强第三方大数据监测评价、健全政府部门协同监管机制、提高电子商务平台的信用管理水平、落实电子商务平台主体责任）、开展电子商务信用联合奖惩（加大信用信息公示力度、加大对守信主体的激励力度、加大对失信主体的惩戒力度，建立电子商务领域失信主体“黑名单”制度、严厉打击整治电子商务领域违法失信行为）、保障措施（诚信文化建设、法规标准建设和组织领导和工作协调）等层面构建了完善的电子商务诚信体系建设方案。该指导意见的出台，是我国电子商务行业信用体系建设的顶层设计和部署，具体落地需要在电子商务法中规定行业禁入制度和尽快出台电子商务行业信用管理办法。

二、其他行业信用管理的做法

2014 年 6 月，国务院公布了《社会信用体系建设规划纲要（2014—2020 年）》，要求各部门、各领域要按照“守信激励，失信惩戒”的原则，大力推进社会信用体系建设。国家税务总局、水利部、海关总署、国家邮政局、中国证券业协会等先后制定或修订了信用管理办法。从上述信用管理办法的内容来看，一方面，充分体现国家社会信用体系建设的原则和要求，按照社会信用体系建设的总体要求，以“诚信守法便利、失信违法惩戒”为原则进行制度设计；另一方面，体现行业特色，反映行业特殊问题。

目前，其他行业信用管理的做法是在出台信用管理单行办法的基础上，制定信用评价标准，建立征信系统，收集信用信息并公示信用评定结果。信用管理单行办法主要涵盖立法目的、立法依据、征信主体和征信对象、征信活动遵循的基本原则，信用信息的界定和范围、信用信息收集的主体和方式，信用等级评定标准、评定方式、评定结果公示范围、期限和查询程序，信用信息共享机制、联合惩戒机制和守信奖励、失信惩戒措施，征信人员违法征信的法律后果等。上述信用管理办法的出台和实施，将推动本行业乃至整个社会的诚信建设，但由于缺乏上位法依据，一些信用管理的有效措施如行业禁限入制度无法在部门规章中规定，因而诚信建设的效果将大打折扣。

三、电子商务领域行业禁限入制度

诚信与法治相辅相成。当前诚信法治保障建设中，既有观念性障碍，也有体制性问题；既有现行法律执行不到位的问题，也有基础性法律支撑不足的问题。[①] 诚信的理念和原则是在人们追求利益的活动中产生和发展的。失信行为本质上是一种违法行为，违法成本的高低直接决定经营者的选择。[②] 如前所述，行业禁限入制度是提高失信成本的有效制度设计。但是，对自然人网店经营者实施限制入驻会员（进入平台销售商品或者提供服务），目前法律依据不足（只能通过行业自律或者平台协议的方式进行限制），因此，有必要借鉴《网络安全法》第 63 条，规定对严重失信的人员（受到行政处罚的人员），五年内不得从事电子商务活动；受到刑事处罚的人员，终身不得从事电子商务活动。

四、尽快出台电子商务行业信用管理办法

《关于全面加强电子商务领域诚信建设的指导意见》已明确提出“研究制定电子商务领域信用信息采集、共享、披露、管理、评价等方面相关标准规范”。为落实该指导意见的要求，应尽快出台电子商务行业信用管理办法，明确各类失信行为，确定电子商务行业征信主体及其职责，建立信用等级评定及其结果公示制度，规定征信监督制度及其奖惩制度等。制定电子商务行业信用管理办法的基本设想如下。

---

① 王伟国．诚信体系建设法治保障的探索与构想［J］．中国法学，2012（5）：24—37.

② 李昌森．成本论在诚信体系构建中的作用［J］．现代经济探讨，2002（10）：23—25，40.

(一) 宗旨和原则

电子商务行业信用管理的目的是推进社会信用体系建设，建立和完善电子商务行业信用评级、管理和公示制度，促进电子商务行业诚信自律，保障电子商务的高效、有序经营，保护包括消费者在内的各主体的合法权益。电子商务行业信用信息的征集、应用、共享、公示和存档，在合法、安全、及时、有效的前提下，应当遵循标准统一、分级分类、动态调整和公开、公正、公平的原则。

(二) 电子商务行业信用信息的范围

电子商务行业信用信息，是指由电子商务主管掌握和征集的，影响电子商务企业和从业人员信用评级的，在电子商务活动中形成的，反应电子商务企业、从业人员各类经营行为的相关数据和情况。电子商务行业信用信息包括电子商务企业信用信息和从业人员信用信息。

电子商务企业信用信息包括基本信息（企业的名称、住所、法定代表人的身份信息等)、许可管理信息、商品和服务质量信息、社会责任信息以及获得表彰奖励等其他反映电子商务企业信用状况的信息。从业人员信用信息包括身份信息、守法信息以及获得表彰奖励等其他反映电子商务从业人员信用状况的信息。

(三) 信用信息数据库建设

除了加强诚信意识与落实管理措施，还要运用先进的信息管理手段整合信用信息。信用信息化和数据库建设就是为了尽量减少因信息不对称而造成的信息陷阱。由国务院电子商务管理部门建立统一的电子商务企业及从业人员的信用信息数据库，将电子商务企业及其从业人员的信用信息数据化，并与全国信用信息共享平台连接、共享电子商务领域信用信息，再由国务院电子商务管理部门定期发布电子商务企业及其从业人员的信用评价结果，使消费者能够选择可信赖的服务。

(四) 信用等级评定

在采集电子商务企业及其从业人员信用信息的基础上，对有关信息进行分类、比较、计算、分析、判断，获得有关电子商务企业及其从业人员的总体信用评价（信用等级）。信用等级评定的关键环节是制定科学的评价指标，评价指标应涵盖电子商务企业依法经营、安全管控、商品或者服务质量等内容。电子商务企业及其从业人员的失信行为是一个不断变化的过程，因此，信用评价指标应是一个开放的体系，应根据不断出现的新型失信行为进行动态调整，从而确保信用评价指标能够适应电子商务行业发展，容纳新出现的问题。

信用评价采取年度评价直接判级和指标得分方式。直接判级适用于严重的失信行为：对企业而言，主要包括销售假冒伪劣产品、虚假交易、刷单炒信、违法使用经营许可证、消费者申诉率过高、商品或者服务缺陷被媒体多次曝光、存在危害国家安全的违法行为等；对电子商务从业人员而言，包括电子商务业务活动中危害国家安全的行为、因从事违法犯罪活动被判处刑事处罚、贩卖或非法提供消费者个人信息等。上述情形是影响信用评级的最严重的违法行为，电子商务企业经营过程中和从业人员出现上述严重违法行为，将导致信用评分归零。指标得分评定采用百分制，电子商务企业及其从业人员的信用等级起评分为 80 分。电子商务信用评定委员会（由国务院电子商务管理部门组织成立）根据年度电子商务信用评定方案（电子商务信用评分指标）对电子商务企业、从业人员的信用信息进行考核计分，按照最后得分确定信用等级。

（五）信用评价结果公示

公示是指电子商务管理部门依法定条件、程序和期限，对需要向社会公众公开的电子商务企业、从业人员的信用信息进行公布。信用评价结果公示是形成诚信约束机制的核心。建立诚信档案，对电子商务企业及其从业人员的失信行为记录至诚信档案，将诚信档案和诚信等级向社会公开，供社会公众依法查询。

公示信息包括基本信息、经营行为信息、行政监管信息、荣誉和奖励信息。在上述公示信息中，公示重点是关于失信电子商务企业、从业人员（“黑名单”）名录的公示，纳入“黑名单”的经营者和从业人员，由国务院电子商务管理部门通过电子商务征信公示信息系统（或者全国信用信息共享平台）进行公示，同时通过新闻媒体、政务网站等其他方式对全社会公布，并记入企业及个人综合信用档案。

（六）奖惩机制

建立和完善诚信和失信奖惩机制。对于信用良好的电子商务企业和从业人员，在电子商务行业评优评先等方面，给予优先考虑，在政府购买服务、建设电子商务园区等方面，给予重点支持和优先安排。对失信电子商务企业和从业人员，将财产罚、资格罚、自由罚等“刚性”惩罚方式与公开曝光、舆论谴责、名誉惩罚、集体抵制等“柔性”惩罚方式结合起来。